ロシアの
言語と文化

第２版

Некоторые аспекты
языка и культуры России

Второе издание

近藤 喜重郎

東海大学出版部

Некоторые аспекты языка и культуры России
Kijuro Kondo
Tokai University Press
ISBN 978-4-486-02203-9

はじめに

本書は同名の授業の教科書です。その授業は，いわゆるマンモス大学の教養系のセンターが開講し，新入生も受講できるものです。つまり，ロシアの言語と文化をテーマに，文系と理系，学部学科を問わず，多様な専門・興味関心をもつ学生を対象としています。

文化をテーマにした授業というと，しばしば，民族的伝統，建築，絵画，音楽，芝居，映画など広範囲にわたる諸分野の紹介が行なわれます。しかし，本書は，そうした諸分野に受講者の興味が向くような，より平易なものを取り上げています。

本書は，スライドを用いて行われる授業で使用することを意図していますが，そのまま読んでも理解できるように工夫しました。つまり，講義を聴きながら，同時にその内容を「見る」形で理解されるようデザインしましたが，パソコンやスマートフォンを使い，キーワードで画像検索して視覚イメージを共有しながら，本書を読むことでも理解が深まることを期待しています。

謝辞

ロシア語の校閲をお願いした和田オリガ氏には実に多くの助言を仰ぎました。また，原稿全体に目を通し，貴重なご指摘を賜った古賀義顕氏に心よりお礼申し上げます。もちろん，本書の記述の一切は，筆者に責任があります。本書は，読み物として，個々の記述に対して参考文献や典拠などを示さずに読みやすさを心がけましたが，そのために，筆者の体験や独自研究を含む部分もあります。比較的最近の出来事に触れている部分もあります。ついては，読者からのご意見をいただければ，幸いに存じます。

2022 年

筆者

目次

本書の概要

本書は，大学初年度の学生を対象として，ロシアの言語・文化・社会理解に重点を置き，言語・歴史・政治・文学・芸術・宗教・教育など様々な分野について説明するものです。毎回異なるトピックを扱うことにより，ロシアの言語・文化・社会を様々な角度から分析し，自ら考える力と幅広い国際的知識・視野を身につけることを目指します。ロシアの現状についての理解を深めると同時に，歴史的視点を取り入れることにより，古代から現代に至るロシア社会の流れの中で現代ロシアをとらえるという複眼的な物の見方を養うことを意図しています。

本書はロシアの言語と文化をテーマとしたものです。ですから，毎回の講義は，前半にロシアの文化の諸側面に焦点を当てた話題を，後半にロシア語の諸特徴に焦点を当てた話題を中心として組み立てられています。基本的に，日本語を母語として，英語を義務教育において必修科目として学んだことのある読者を念頭に置いていますが，留学生が読んでも理解できるよう，一部の例外を除き，難しい日本語を避ける努力もしました。

なお，各講義は 6000 字から 9000 字程度にまとめました。日本のアナウンサーの読む速度は 1 分間に 300 字ほどだといわれます。つまり，アナウンサーの読む速度で音読した場合，およそ 20 分から 30 分の間に読了できます。

ロシア語のアルファベット

ロシア語の文字は，ひとつの文字がひとつの音と対応するアルファベットの一種です。キリルという歴史的人物の業績と関わりがあることから，キリル文字と呼ばれることもあります。

ロシア語アルファベットは，次の 33 文字です（左から大文字，小文字，文字の名前です）。

А	а	アー	К	к	カー	Х	х	ハー
Б	б	ベー	Л	л	エリ	Ц	ц	ツェー
В	в	ヴェー	М	м	エム	Ч	ч	チェー
Г	г	ゲー	Н	н	エヌ	Ш	ш	シャー
Д	д	デー	О	о	オー	Щ	щ	シシャー
Е	е	イェー	П	п	ペー	Ъ	ъ	硬音記号
Ё	ё	ヨー	Р	р	エル	Ы	ы	ウィ
Ж	ж	ジェー	С	с	エス	Ь	ь	軟音記号
З	з	ゼー	Т	т	テー	Э	э	エー
И	и	イー	У	у	ウー	Ю	ю	ユー
Й	й	短いイー	Ф	ф	エフ	Я	я	ヤー

講義Ⅰ　ロシアの基本データと人の名前

本講義の内容

ロシアの基本データ
ロシア人の宗教
正教・旧教・新教
ロシアの象徴
ロシア人の名前の仕組み

ロシアの地図

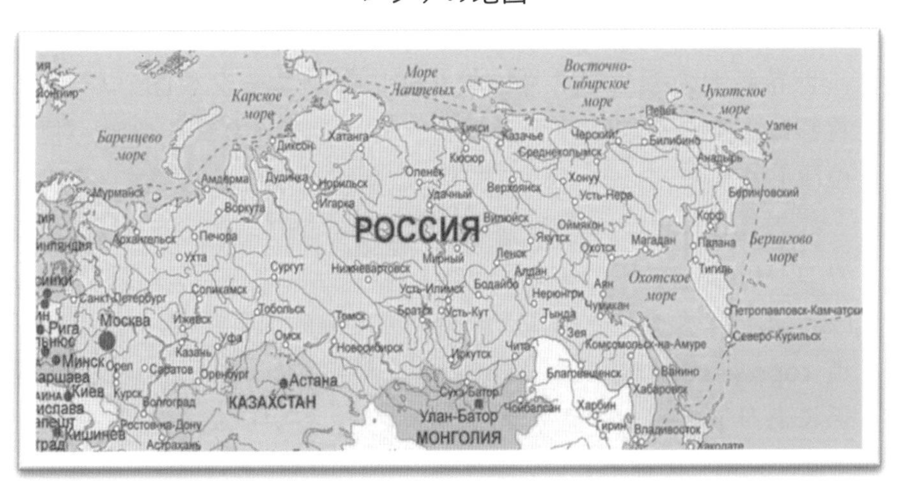

ロシアの基本データ

ロシア Росси́я は，ユーラシア大陸北部のほぼ全体を占め，世界最大の領土をもつ，連邦制*の国家です。

* 連邦制：複合国家のひとつ。ロシア以外にも，アメリカ合衆国，カナダ，スイスなどがこの体制をとっている。

その国土は，広さが約 1,710 万㎢。世界最大です。この広さは，世界第二位の国土の広さを持つカナダの 998.5 万㎢，第三位 米国の 983 万㎢，第四位 中国の 960 万㎢と比べても，圧倒的であるということが分かるでしょう。

そんな世界最大の国土を誇るロシアは，国土をウラル山脈の東側に広がるシベリア地方と西側に広がるヨーロッパ地方に分かれます。ウラル山脈はしばしば「ヨーロッパとアジアの境」と言われることがあります。つまり，ロシアは，ヨーロッパとアジアにまたがる世界唯一の国なのです。ですから，その言語と文化は，ヨーロッパとアジアから様々な影響を受けています。

世界最大の領土をもち，文化的にもユニークな国 ロシアの首都は，モスクワ Москва́ です。ロシア西部のヨーロッパ側に位置しています。モスクワの人口は約 1,200 万人です。

この街は，日本の東京 Токио，韓国のソウル Сеул，米国のシカゴ Чикаго，ドイツのベルリン Берлин，フランスのパリ Париж，スペインのマドリード Мадрид などの都市と兄弟都市 города-побратимы，パートナー都市 города-портнёры の関係にあります（日本語では，「姉妹都市」といいますが，ロシア語では「兄弟」の都市といいます）。

このように，世界最大の広さを誇る国 ロシアの都 モスクワは，人口 1000 万を超える，世界有数の大都市です。また，東京，ソウルといった東アジアの国の都と，またベルリン，パリ，マドリードといった西ヨーロッパ諸国の都と，そして，米国の大都市とパートナー関係にあります。国際的にもっとも重要な大都市のひとつなのです。

この世界最大の国土に，約 1 億 4680 万人のロシア国民が暮らしています（2017 年のデータ）。この数は，人口でいうと世界第 9 位に位置しています。その一方で，ロシアの国民総生産（ВВП (Валовой внутренний продукт)，英 GDP）は世界第 11 位に位置しています（2020 年のデータ）。つまり，1 人 1 人のロシア人の暮らしは，現在のグローバル社会でいえば，さほど悪いとはいえない，比較的良い暮らしをしているということになります。

1 億 5000 万人に近い人口を抱え，世界最大の国土を誇るロシアは，その憲法で，自国を「多民族国家」と規定しています（第 3 条）。ロシアには，現在，190 以上の民族が暮らしているのです。

ロシアでは，190 以上の民族の人々が，ロシア国籍を持つロシア国民（ロシヤーニン россия́нин）として暮らしています。その内訳は，89%が主にスラヴ系，ゲルマン系，イラン系からなるインド・ヨーロッパ系の諸民族です。これに続くのがアルタイ系の民族でロシア国民の 7%ほど，カフカス・ウラル系の民族が 2%，残りが他の民族という割合です。

また，ロシア国民のうち，いわゆる民族としてのロシア人（ルースキィ ру́сский）は，全国民の約 8 割を占めています。

国民の 8 割以上をロシア人が占めるなら，ロシアはロシア人の国といってもよいと思う人もいるかもしれませんが，ロシア人はそう考えません。ロシアにはロシアの歴史と文化があり，その文化・文明に根差した考え方があるのです。

＊ 文化・文明：文化と文明については，いろいろな考えがありますが，ここでは、人の営みや考えを〈自分たちのもの〉と〈他者のもの〉に分ける考え方に基づく分類を「文化」、〈よいもの〉と〈悪いもの〉に分ける考え方に基づく分類を「文明」と呼びます。

この講義では，ロシアの歴史と文化に根差した考え方への理解を深めていくことをひとつの目的としています。

ロシア人の宗教

ロシアには 190 を超える民族が共存し，ともに暮らしているといいました。それでも，ロシア国民の約 8 割の人々が民族としてのロシア人であるわけですから，まずは，ロシア人の文化を紹介する必要があるでしょう。そして，ロシア人の文化といった場合，ロシア人の宗教に触れないわけにはいきません。

ロシア人の宗教というと，日本ではしばしば，「ロシア正教」という言い方が用いられます。これは通称です。言い方を変えると，そういう名称の宗教が存在するわけではないのです。これは，「ロシアで信仰されている正教キリスト教」という意味です。

もちろん，190 を超える様々な民族が共存する国ですから，キリスト教以外に，イスラム教，仏教，ユダヤ教などを信仰する人々の多数います。ただ，上述のように，ここではロシア人の多数派が信仰している正教キリスト教に光を当てることにします。

「正教キリスト教」と聞いて，ピンとこない人もいるかもしれません。日本では、「旧教」すなわち、ローマ・カトリックのキリスト教や「新教」すなわち、プロテスタントのキリスト教は一般的でも、「正教」すなわち、オーソドックスのキリスト教は、あまりよく知られていません。

そこで，ロシア人の文化についてお話しする前に，少しキリスト教についてお話します。

正教・旧教・新教

キリスト教は，ユダヤ王国のエルサレムで十字架刑に処せられた，ナザレ出身のイエスという男性を，ユダヤ教でいう「メシア」だと信じる宗教の総称です。

イエスをメシアと信じる人々は，その教えをユダヤ王国からエジプト，トルコ，アルメニア，ギリシア，イタリアにまず広めました。まもなく，キリスト教の教えを文書にする動きが現れましたが，それはギリシア語で書かれました。キリスト教の『新約聖書』は，ギリシア語で書かれたのです。当時，ユダヤ王国を含む，ローマ帝国東部は，ヘレニズム文化圏に属し，その共通語はギリシア語だったのです。「メシア」のギリシア語訳が「キリスト」です。

もちろん，ローマ帝国西部でも，知識人はギリシア語の読み書きができました。ですから，キリスト教最初期の聖人であるタルソスのパウロは，ローマに住む人々に向けて手紙を書いた時もギリシア語を使いました。キリスト教の基礎は，ギリシア語を使う人々によって形作られました。

ところが，その後ローマ帝国が東西に分かれると，西ローマ帝国では，ギリシア語で読み書きできる知識人が顕著に失われました。ローマ・カトリック教会最大の聖人であるヒッポのアウグスティヌス（354－430）は，４世紀後半に生まれた人物であり，『神の国』や『告白』など，キリスト教史上，大きな影響を及ぼした書物を書き残しましたが，ギリシア語がほとんどできませんでした。彼をキリスト教に導いたミラノのアンブロシウス（340－397）はギリシア語で『新約聖書』を読むことのできる人でしたが，ギリシア語の重要性を弟子に理解させることはできなかったようです。

さて，アウグスティヌスの存命中に，西ローマ帝国は滅亡します。以後，ギリシア語ができず，ラテン語翻訳でキリスト教を学んだ人々は，少しずつ，それまでのキリスト教にはなかった考え方を取り入れていくようになります。そのひとつが，「ローマ教皇」という立場と「教皇制」という制度です。旧西ローマ帝国のキリスト教徒が独自の教会運営を続けていく中，東ローマ帝国のキリスト教徒は，それを注意深く見つめていました。

やがて，旧西ローマ帝国の地域で暮らす人々は，自分たちが独自に変更したルールで暮らしているということを忘れてしまい，東ローマ帝国の人々が勝手にルールを変更したと主張し始めました。そのもっとも有名な人物がフランク族のシャルル・マーニュ（カール大帝，748－814）でした。

このような主張が仲たがいを引き起こすのは自然の理です。タルソスのパウロからヒッポのアウグスティヌスまでおよそ350年が，アウグスティヌスからシャルル・マーニュまでおよそ400年が過ぎています。

こうして仲たがいしたキリスト教徒のうち，ローマを中心とした人々は，自分たちの教えを普遍的（カトリック）だと主張し始めました。ローマ教皇が同意したことは，他の地域の教会の代表が反対しても，普遍的だと主張したのです。

＊「普遍的」とは、〈いつでもどこでもだれにとっても正しい〉ということです。

この主張を東ローマ帝国のキリスト教徒たちは拒否しました。各地の教会の代表者のうち，賛同者の多い意見が正しい教え（オーソドックス）だと主張したのです。もともとキリスト教界では，オーソドックスな意見がカトリックだと考えられていました。このことから，ローマ教皇を中心としたキリスト教徒の教会を「ローマ・カトリック教会」と呼び，本来のカトリック教会と区別します。

やがて，ローマ・カトリック教会の中でも，ローマ教皇のいっていることが聖書の内容と違うということに気づく知識人があらわれます。彼らは，『新約聖書』がもともとギリシア語で書かれたことから，東ローマ帝国の人々にギリシア語を習い，ギリシア語で聖書を読み始めました。そうした人々の間から，「改革」を求める声が広がりました。西ヨーロッパにおける「宗教改革」のはじまりです。

ローマ教皇と彼を支持する人々は，改革を求める人々を「プロテスタント」と呼びました。〈抗議する連中〉といった意味です。やがて，西ヨーロッパ諸国全体に，プロテスタントとローマ・カトリックのキリスト教徒が相争う宗教戦争が繰り広げられます。戦争が各地で何度も繰り返された結果，西ヨーロッパの人々の間で，「宗教に夢中になるのは止めよう」という風潮が生まれました。宗教なしに人間について考える時代，ヨーロッパ近代のはじまりです。

日本では，こうしたキリスト教の歴史を踏まえて，キリスト教を「新教」「旧教」「正教」の３つに分けています。「新教」は，西ヨーロッパで生まれたプロテスタントのキリスト教を指します。「旧教」は，これに対立したローマ・カトリックのキリスト教を指します。そして，「正教」は，オーソドックスな本来のカトリックのキリスト教を指します。

長くなりましたが，このような歴史をもつキリスト教のうち，正教のキリスト教をロシアは伝えられ，今に受け継いでいるのです。

ロシアの象徴

ロシア人が正教のキリスト教を受け継いでいるということは，ロシアの様々な象徴に現われています。

例えば，ロシアの国歌（гимн России）は，次のような言葉から始まります。

ロシアは，いと聖き私たちの大国
（Россия – священная наша держава.）

歌詞の冒頭に「ロシアは」と始まり，その直後に「いと聖き（священная)」という形容詞が出てきます。これは，宗教用語，わけてもキリスト教用語です。

ここでは「いと聖き」と訳してありますが，直訳すると，「もっとも聖くされた」「祝福された」という受け身の意味です。そして，誰によって「聖くされた」かといえば，それは，ユダヤ教，キリスト教，イスラム教で信じられている，世界を6日間で創り，7日目に休んだとされる創造主である神によってということです。

なぜそんなフレーズから国歌が始まるのでしょうか。現在，「ロシア」というと，ロシア連邦（Российская Федерация）を指していいます。ロシア連邦は，その憲法で，「ロシアとロシア連邦は同義である」と定めています。

なぜこのような憲法の条文が必要なのかと言えば，20世紀の間に，「ロシア」という名をもつ国は，4つあったからです（内戦中の白衛軍統治下のものは除きます）。

まず，1917年まで存続したロシア帝国（Российская Империя）

です。これは，数世紀に亘り，モスクワを中心として広大な領土を獲得したルーシ（Русь）の後継国家です。「ルーシの」という意味の形容詞がルースキィ（русский），すなわち民族としてのロシア人を指す言葉となりました。

一方，「ルーシの国」「ルーシの土地」のことをローマ帝国の人々は，ルーシア（ラテン語読み）またはローシア（ギリシア語読み）と呼びました。このうちギリシア語読みの名称をロシア人が採用して，ロシアとしたのです。

ロシア帝国は，3月8日の国際婦人デーに始まった反戦デモをきっかけに，解体されました。替わって貴族たちが立ち上げた臨時政府の国が，ロシア共和国（Российская Республика）です。

ロシア共和国は，貴族が中心になって，貴族中心の国づくりを進めようとしました。これに対して，男女差別，民族差別，身分や家柄による差別のない国，社会主義の国を創ろうとした人々が立ち上がり、貴族中心の政府に対してクーデターを起こしました。

その後，貴族中心の政府を取り戻そうとする人々と差別のない国を作ろうとした人々の間で内戦が起こりましたが，1922年に世界で最初の社会主義国家であるソ連（ソヴィエト連邦）*が創設され，その中に，ロシア・ソヴィエト連邦社会主義共和国（Российская Советская Федеративная Социалистическая Республика）が置かれました。この国の後継国家が，現在のロシア連邦です。

＊ 正式名称は，ソヴィエト社会主義共和国連邦 Союз Советских Социалистических Республик

このように，「ロシア」は，帝国，共和国，社会主義共和国、連邦という形で、異なる政治体制を経ていますが，「ロシア」という名を受け継ぐことによって、その歴史を今に継承しているのです。

歴史を象徴によって継承する。このことは，ロシアの国旗（флаг России）にも表れています。ロシアの国旗は，白・青・赤の三色旗ですが，これは、スラヴ人の国に共通の三色旗なのです。

＊ これは、同じ色を使うフランスやイタリアのトリコロールとは別の考え方です。なお、スラヴ人の国の中でもそれぞれの考え方から別の色の組み合わせを国旗としている国もあります。ポーランドは、建国者の伝説に基づく赤と白の二色旗を用い、ウクライナは、青と黄の二色旗を用いています。

また，国章（герб России）を見ると，真ん中に竜を退治する騎士のイメージが描かれています。これは，キリスト教の聖人で，モスクワの守護聖人のイメージとよく似ています。「ジョージア」（Грузия）と名の付く地域の守護聖人でもあります。

さらに，この騎士を取り囲む形で，「双頭の鷲」（Двухглавный орёл）が描かれています。双頭の鷲もまた，ローマ帝国の象徴であり，ヨーロッパ諸国で共通の象徴ですが，ロシアの場合，その頭に三つの冠があります。これが何を意味しているのかについては諸説ありますので，興味のある人は調べてみてください。

このように，ロシアは，キリスト教の考えと歴史に根差した象徴を採用しています。

次に，国歌の続きを見てみたいと思います。2行目から4行目を飛ばして，いわゆるサビの部分を見ていきます。

サビの1行目にこうあります。

称えられなさい，私たちの自由な祖国よ
（Славься, Отечество наше свободное,）

国が自由であるとは，外国に支配されないという意味です。そして，現在のロシア連邦の国歌は，2000 年に制定された法律に基づいて 2001 年 1 月 1 日から使用されていますが，サビのこの部分は，ソ連時代の国歌のままです。それだけ自由というものが国にとって大事であるということを謳っています。

サビの 2 行目にこう続きます。

兄弟である人民の幾年も続く結束よ
（Братских народов союз вековой,）

ここで注意が必要です。ときどき，〈ロシア国歌は多民族国家であることを表現していない〉という批判があるからです。しかし，ここで「兄弟である人民」と訳してある部分は，複数形であり，ロシア人だけを指しているわけではありません。言い換えると、「兄弟である諸々の人民」という意味なのです。

3 行目はこうあります。

祖先により与えられた人民の知恵よ！
（Предками данная мудрость народная!）

ロシアという国家は，自然に存在するものではなく，何世紀にもわたる諸民族の知恵の結晶だというのです。

神によって祝福され，様々な民族によって歴史の中で皆が共に生きていくための知恵として継承されたもの——それがロシアだというわけです。

だから 4 行目の締めくくりにこうあるのでしょう。

称えられなさい，国よ！　私たちは君に誇りを感じているのです！

（Славься, страна! Мы гордимся тобой!）

２番以降の歌詞については省略します。ただ，引き続き，ロシアの存続を願う内容になっているという点は指摘しておきたいと思います。

ロシア人の名前の仕組み

ここで話題をロシア人の名前の仕組みに移します。

ロシア人のフルネームは，3 つのパーツからできています。名（имя），父称（отчество），姓（фамилия）の順番です。

例えば，ロシアの有名な運動選手にユリヤ・リプニツカヤという女性がいました。彼女のフルネームは，ユリヤ・ヴャチスラワヴナ・リプニツカヤ（Юлия Вячеславовна Липницкая）といいます。最初のユリヤが彼女の名です。二番目のヴャチスラワヴナが「父称」と呼ばれる，父親の名前から作られた部分です。この父称は〈ヴャチスラフの娘〉という意味があり，彼女の父親の名がヴャチスラフ（Вячеслав）であることが分かります。

また，ロシアの有名な格闘家にフョードル・エメリヤネンコという人がいました。彼のフルネームは，フョードル・ウラヂミラヴィチ・エメリヤネンコ（Фёдор Владимирович Емельяненко）といいます。最初のフョードルが彼の名です。二番目のウラヂミラヴィチが父称と呼ばれる，父親の名から作られた部分です。この父称は〈ウラヂミルの息子〉という意味があり，彼の父親の名がウラヂミル（Владимир）であることが分かります。

もうひとり，ロシアを代表するテニスプレーヤーに，マリヤ・シャラポワという女性がいました。彼女のフルネームは，マリヤ・ユリエヴナ・シャラポワ（Мария Юрьевна Шарапова）

といいます。最初のマリヤが彼女の名です。二番目のユリエヴナが父称と呼ばれる，父親の名から作られた部分です。この父称は〈ユリィの娘〉という意味があり，彼女の父親の名がユリィ（Юрий）であることが分かります。

さて，ロシア人の名前は３つのパーツからなりますが，ロシア人に呼び掛けるときには，父称の扱いが大切になります。まず，家族や友人，同僚同士や学生同士など，親しい間柄の人が相手（いわゆるタメ語が使える相手）の場合，名か愛称のみで呼びかけます。上で紹介した最初の女性であれば，「ユリヤ！（Юлия!）」と名のみで呼ぶか，「ユーリャ！（Юля!）」のような愛称で呼ぶことになります。二番目の男性であれば，「フョードル！（Фёдор!）」と名のみで呼ぶか，「フェーヂャ！（Федя!）」のような愛称で呼ぶことになります。日本語でも，「さっちゃんはね，幸子っていうんだ，本当はね」という歌があるように，「ユーリャはね，ユリヤっていうんだ，本当はね」というわけです。

これに対して，まだ親しいわけではなく、マナーが必要な相手（いわゆるタメ語が使えない相手）に対しては，名に父称を付けて呼びかけることになります。先程の男性であれば，「フョードル・ウラヂミラヴィチさん！（Фёдор Владимирович!）」と呼びかける必要があります。先程紹介した三番目のマリヤ・シャラポワさんであれば，「マリヤ・ユリエヴナさん！（Мария Юрьевна!）」と呼びかけることになります。

このように，ロシア人の名前は，3 つのパーツからできていて，呼びかけるときに使い分けが必要になります。ロシア語では，この使い分けに関連して、二人称の人称代名詞の使い分けも出てきますが，それは今後の講義で扱います。

おわりに

本日の講義は，次の内容を取り上げました。

ロシアの基本データ
ロシア人の宗教
正教・旧教・新教
ロシアの象徴
ロシア人の名前の仕組み

ロシアは，ヨーロッパ有数の大都市モスクワを都として，世界最大の国土の中に 190 以上の民族が共存して暮らす多民族国家です。その人口は 1 億 5000 万人に近いです。ロシア国民の約 8 割は民族としてのロシア人です。彼らは，正教キリスト教を信仰しており，その信仰は，国歌や国章にも反映されています。ロシア人の名前は，名・父称・姓からなり，それらは呼びかけるときに使い分けられています。

以上

講義Ⅱ　ロシア語アルファベットと早口言葉

本講義の内容

ロシア語の文字はアルファベット
ロシア語のアルファベット
母音字
子音字と記号
発音してみましょう
早口言葉と発音練習

ロシア語のアルファベット

ロシア語の文字はアルファベット

「アルファベット」と聞くと，日本人の中には，まず〈英語の文字〉をイメージする人がいると聞きます。確かに日本人の多くは，第二次世界大戦で日本が敗れて以来，外国語といえば，まず英語を学ぶことになりました。ですから，このことはよく理解できます。

このことは，日本人が1000年以上の間に築いてきた文明の在り方の影響かもしれません。

日本人は，その昔，中国から漢字を導入しました。その後，独自に文字体系を作り出しましたが，それに「平仮名」と「片仮名」という名称を与えました。そして，現在，漢字，ひらがな，カタカナという3種類の文字体系を使って，日本語を読み書きしています。

「仮名」という名称は，文字通り，〈仮の名〉という意味です。つまり，日本語の〈真の名〉は漢字なのです。だから，漢字を使った中国の文章を「漢文」という，いわゆる「外国語」の枠とは別に学んでいます。

漢字はロシア語でキタイスカエ・ピシモォ **китайское письмо**（中国の文字の意，英 Chinese characters）といいますが，イエログリフ **иероглиф**（象形文字の意，英 hieroglyph）ともいいます。つまり，日本では，表音文字であるアルファベットを使う言語として接するのは英語が初めてだ，という人が多いわけです。

アルファベットという言葉は，ギリシア語最初の二文字の名前「アルファ（α）」と「ベータ（β）」に由来します。皆さんご存知の通り，ヨーロッパ諸民族の言語と文化は，ギリシア語・ギリシア文化に由来する部分が大きく，文字のことを「アルファベット」と呼ぶ考え方も，ヨーロッパ諸民族の共有するところとなりました。
そして，それぞれの民族は，自分たちの住み着いた地域で暮らしを営み，社会と文化を発達させていく中で，自分たちの発音や使い勝手に応じて，独自の文字を追加したり，削除したり，記号を付けたりするなど，文字のアレンジを続けました。だから，それぞれの言語で微妙な違いがありますが，その大まかな順序はよく似ています。

ギリシア文字，ロシア文字，ラテン文字の類似（例）

ギリシア文字	Α	Β	Δ	Ι	Φ	Γ	Κ	Λ	Μ	Π	Ρ	Σ
ロシア文字	А	Б	Д	И	Ф	Г	К	Λ	М	П	Р	С
ラテン文字	A	B	D	I	F	G	K	L	M	P	R	S

このように，アルファベットはひとり英語の文字を指すわけではないのです。

ロシア語の文字は，ロシア語アルファベットとも，キリル文字ともいわれます。アルファベットの中でも，キリル文字という文字体系のひとつだからです。この呼び名は，キリル（露 Кирилл，英 Cyrill）という歴史的人物の名前に因みます（ギリシア語読みでキュリロス）。
この人物は 9 世紀のキリスト教の修道士でした。当時，ローマ帝国では，帝国北部に現れたスラヴ人への布教を始めていましたが，スラヴ人は文字を持っていませんでした。そこで，スラヴ人の支配者の一人が文字を作って欲しいとローマ帝国に依頼，そのことを目的として，東ローマ帝国から派遣されたのが，キリルとその兄メトディオスでした。キリルとその弟子たちは，ローマ帝国とその周辺の文字を参考として，スラヴ人の文字を作るために尽力し，その生涯を捧げました。
こうしたわけで，スラヴ人の多くは，キリルへの敬愛の念と親愛の情から，いまでも自分たちの文字をキリル文字と呼びます。同じスラヴ人でも，ポーランドやチェコなど，中世期にドイツ人の勢力下にあった地域のスラヴ人は，ラテン文字を使っています。
2009 年にロシア正教会の最高位である総主教に選ばれた人物の名はキリルといいます。総主教は，ローマ・カトリック教会の教皇と同格の聖職位で，2013 年にローマ教皇に選ばれた人物が，中世期の聖人フランチェスコの名をもつように，現在のモスクワ及び全ルーシの総主教は，正教会の聖人であるキリルの名をもつのです（キリルは，ローマ・カトリック教会の聖人でもあります）。

ロシア語のアルファベット

ロシア語には，10 の母音字と 21 の子音字，そして 2 つの記号があります。
パソコンや書籍で使われるロシア語のフォントは，日本語や英語などと同様に，いくつかあります。フォントによって形が微妙に異なる文字もありますが，他の文字と見間違うことはありません。文字を覚えるときは，それぞれの特徴を押さえておきましょう。
また，ロシア語アルファベットは，活字体の立体とイタリック体によって形が変わります。ご注意ください。

活字体・立体

Аа Бб Вв Гг Дд Ее Ёё Жж Зз Ии Йй Кк Лл Мм Нн Оо
Пп Рр Сс Тт Уу Фф Хх Цц Чч Шш Щщ Ъъ Ыы Ьь Ээ

Юю Яя （フォントは Gill Sans Nova）

活字体・イタリック体

Аа Бб Вв Гг Дд Ее Ёё Жж Зз Ии Йй Кк Лл Мм Нн Оо Пп Рр Сс Тт Уу Фф Хх Цц Чч Шш Щщ Ъъ Ыы Ьь Ээ Юю Яя （フォントは Arial）

母音字

ロシア語には，次の母音字があります。

А а, О о, У у, Ы ы, Э э, Я я, Ё ё, Ю ю, И и, Е е

合計 10 個です。このうち，日本語のあ行に似た音をもつのが А а, О о, У у, Э э です。左から順番に，あ，お，う，えの音に似ています。

А а（あ）， О о（お）， У у（う）， Э э（え）

また，日本語のや行に似た音をもつのが Я я, Ё ё, Ю ю です。左から順番に，や，よ，ゆの音に似ています。

Я я（や），Ё ё（よ），Ю ю（ゆ）

このほかに，日本語には対応する文字がありませんが，若い人が嬉しい時や楽しい時に「ィェーィ！」と声を出すときの「ぃぇ」に似た音をもつのが，Е е です。

Е е（いぇ）

また，日本語の「い」に似た音をもつ文字が2つあります。Ы ы と И и です。それぞれの発音のポイントは次の通りです。

Ы ы（ぅい）：1．舌先を前歯から離し，2．舌全体を「く」の音を出す時の位置にして，3．上下の前歯をギリギリまで近づけ，4．唇を左右に開き，5．声を出す

И и（いい）：1．舌先を下の前歯に触れさせ，2．舌全体を上の歯に近づけ，3．上下の前歯をギリギリまで近づけ，4．唇を左右に開き，5．声を出す

加えて，ロシア語には「短いイ」（**и краткое**）という名称をもつ子音字 **Й й** があります。母音字 **И и** の音を短くしたものであることから，半母音文字とも呼ばれます。

Й й（「短いイ」または半母音文字）

「短いイ」**Й й** は，母音字の直後に立ち，その母音を二重母音にします。日本語にも二重母音がありますが，そのための文字があるわけではありません。例えば，「石」は「い̇し」と読み，「愛」は「あい̇」と読みますが，この二つの「い」は，同じ発音ではなく，後者は二重母音になります。

ところで，日本語のや行に似た音をもつ文字が母音字であるという説明に違和感を覚える人もいるかもしれません。で

も，日本語でも「いや」と「いあ」は書き分けられますが，続けて声にすると，どちらも「いや」に聞こえます。

日本語のあ行とや行の違いは，それぞれ対応する二文字を連続して発音すると理解（体感）できます。この違いを理解（体感）したい人は，次の順番で読んでみましょう。

А а（あ）– О о（お）– У у（う）– Ы ы（ぅい）– Э э（え）
Я я（や）– Ё ё（よ）– Ю ю（ゆ）– И и（ぃい）– Е е（ぃえ）

あ行に似た音の母音字を発音するときと，や行に似た音の母音字を発音するときで，舌の奥が違う使い方をしていることが分かります。そのことを理解（体感）できたら，次の順番で発音してみましょう。

А а – Я а（あーや）　　О о – Ё ё（おーよ）
У у – Ю ю（うーゆ）　　Ы ы – И и（ぅいーぃい）
Э э – Е е（えーぃえ）

最後の Э э – Е е（えーぃえ）を見ると分かる通り，や行に似た母音字の Е е は，最初に短く「ぃ」と発音します。つまり，や行に似た音の母音字は，「短いイ」＋＜あ行に似た音の母音字＞と考えると分かりやすいかもしれません。

〈や行に似た音の母音字〉
＝「短いイ」＋〈あ行に似た音の母音字〉

Я = Й + А　　Ё = Й + О
Ю = Й + У　　Е = Й + Э

このことは，英語のアルファベットで，「あ」の発音を書くときに“A“と書き，「や」の発音を書くときに“YA“と書くことを思い起こせば，理解できるかと思います。つまり，ロシア語の短いイ Й は，英語の Y が母音字の直前に立つ時と同じような働きをしているのです。ですから，短いイは，「半母音字」とも呼ばれますが，子音のひとつとして数えられます。

なお，日本のロシア語の初級教科書では，〈あ行に似た音の母音字〉を「硬母音字」と呼び，〈や行に似た音の母音字〉を「軟母音字」と呼んで区別しています。

子音字と記号

ロシア語の子音字は，声をともなう「有声子音」と声をともなわない「無声子音」とに分かれます。

例えば，З з と С с の発音は，英語の Z と S の発音に相当します。つまり，舌の先を下の前歯の裏または付け根にあて，息を舌の前面と上の前歯またはその付け根の間に通して発音しますが，З з は声を出し，С с は声を出さずに吐く息の音で発音するのです。

また В в と Ф ф の発音は，英語の V と F の発音に似ています。つまり，下の唇を上の前歯の先に軽く触れてその間に息を通して発音しますが，В в は声を出し，Ф ф は声を出さずに発音するのです。このように，口や舌の構えは同じでも，声の有無だけで発音が異なる文字があるのです。

ロシア語では，声の有無だけで異なる有声子音字と無声子音字のペアが6つあります。Б б と П п のペア，Д д と Т т のペア，Г г と К к のペア，В в と Ф ф のペア，З з と С с のペア，Ж ж と Ш ш のペアがそれです。

ペアのない有声子音字が４つあります。Р р, Л л, М м, Н н の４つがそれです。

ペアのない無声子音字も４つあります。Х х, Ч ч, Ц ц, Щ щ の４つがそれです。

以上 10 個の有声子音字と 10 個の無声子音字，そして先の「短いイ」を合わせた 21 個がロシア語アルファベットの子音字です。

ロシア語にはさらに記号が２つあります。そのどちらも「分離記号」と呼ばれます。厳密にいうと，Ъ ъ が「硬音記号」，Ь ь が「軟音記号」です。分離記号の役割は，子音字と母音字が連続して出てくる時に，その発音を分離することにあります。そして，単純に分離するときは硬音記号 Ъ を，子音にも短いイの音色をもたせるときは軟音記号 Ь を使います。

例えば，日本語の「病院」と「美容院」「不用心」は，「びょう」と「びよう」「ぶよう」のように発音が似ている部分をもちます。この部分は，日本人にははっきりと異なるように思われますが，外国人には分からないともいわれます。こうした微妙な発音上の違いを書き表すために，二つの分離記号があると考えれば，その役割も理解できるのではないでしょうか。

病院	→	**бё**ин または **бё**йн
美容院	→	**бьё**ин または **бьё**йн
不用心	→	**бъё**дзин

発音してみましょう

この後実際に発音してみましょう。子音だけで発音するより，母音を付けた方が発音しやすいと思いますので，а（あ）またはу（う）またはо（お）の母音字を加えた形で紹介します。

上下の唇を閉じて，息の力で弾いて出す音：П п（ペー），Б б（ベー），М м（エム）

па（ぱ）　ба（ば）　ма（ま）

舌先を下の前歯の裏または歯茎にあて，舌先または舌の前面と上の前歯の間に息を通して出す音：С с（エス）と З з（ゼー）

са（さ）　за（ざ）　со（そ）　зо（ぞ）

за という時に，舌が上の前歯やその付け根にあたらないように気をつけましょう。

舌先または舌の前面を上の前歯またはその付け根にあて，息の力で弾いて出す音：Т т（テー）と Д д（デー）

та（た）　да（だ）　то（と）　до（ど）

下唇を上の前歯に軽く当て，その間に息を通して出す音：Ф ф（エフ）と В в（ヴェー）

фа（ふぁ）　ва（わ）　фо（ふぉ）　во（を）

ва（わ）は，下唇を噛む必要はなく，日本語の「わ」に近い響きになります。英語の VA（ヴぁ）よりも柔らかく響きます。ロシア人男性名で，しばしば日本語では「イワン」と書く名は，ロシア語アルファベットでは **Иван** と綴（つづ）ります。文字の名称を書くときに，現代日本語の仮名遣いにはえの段に属するわ行の文字がないために便宜上「ヴぇ」と書いています。

舌先または舌の前面を上の前歯の付け根または歯茎にあて，その左右に息を通して出す音：**Л л**（エリ）

ла（ら）　ло（ろ）　лу（る）

日本語の「らりるれろ」と異なり，舌を確実に上の前歯の付け根または歯茎にあてて発音します。

舌の前面を口蓋（上の前歯の歯茎より奥の部分）にあてて弾いで出す音と，近づけてその間に息を通して出す音：**Ч ч**（チェー）と **Щ щ**（シシャー）

чу（ちゅ）　ча（ちゃ）　щу（しゅ）　ща（しゃ）

舌先を上にあげ，舌先と口蓋（上の前歯の歯茎より奥の部分）の間に息を通して出す音：**Ш ш**（シャー）と **Ж ж**（ジェー）

ша（しゃ）　шо（しょ）　жа（じゃ）　жо（じょ）

жа（じゃ）という時に，舌先が上の前歯やその歯茎，口蓋に触れないように注意しましょう。触れてしまうと，дя という別の綴りの発音になります。

日本ではその昔，「じぇじぇじぇ」という東北地方の方言が話題になったことがありますが，ロシア語アルファベットでは，зе も де も же も日本人には「じぇ」と聞こえます。つまり，ロシア語アルファベットの音をカタカナで表すのは、便宜的なものなので、ロシア語入門などからロシア語学習を始めようとする人は，発音の仕方をきちんと学ぶ方が先回りです。

話を戻します。

舌先を上にあげ，口蓋との間に息を通して，息の力で舌を震わせて出す音（いわゆる巻き舌のル）：Р р（エル）

ра（ら）　ро（ろ）　ру（る）

ロシア語には，Л л（エリ）と Р р（エル）があります。「エルとアール」ではありませんので，ご注意ください。

舌の後面を上にあげ，口蓋後部との間に息を通して出す音と弾いて出す音：К к（カー），Г г（ゲー），Х х（ハー）

ка（か）　го（ご）　ху（ふ）

ху は上下の唇の間に息を通して出す音ではないので発音に注意しましょう。

日本語のナ行をロシア語アルファベットで綴ると次のよう

になります。

на – ни – ну – нэ – но

「な」「ぬ」「ね」「の」の時は硬母音字を使いますが,「に」の時は軟母音字を使います。硬母音字を使って ны と書くと「に」の音にならないので注意しましょう。

早口言葉と発音練習

ロシア語の早口言葉は,日本語のそれと同様に意味があってもないようなものですが,音節ごとに丁寧に発音するための練習素材となります。音節という言葉は,少し難しいので,母音を中心として,その前後に子音が付いているものとイメージすると分かり易いかもしれません。

これまで何度も「母音」「子音」といってきましたが,皆さんは,「母子像」と聞いて,どんな像をイメージしますか。皆さんが知っている,街中や公園にある母子像は,どのようなイメージを形にしたものでしょうか。腰が曲がり,背丈も小さく見える80歳代の息子が,さらに小さく見える100歳代の母親を背負っているイメージでしょうか。おそらく違いますね。多くの人が知っている母子像は,若いお母さんを中心にして,その前後か左右に幼く小さな息子か娘が一人か二人一緒にいるイメージではないでしょうか。音節も同じように,母音を中心にその前後に子音がついているイメージでとらえると分かり易いかもしれません。

早口言葉その1

Жутко жуку жить на суку.
（カブトムシは枝の上に住むのが怖い）

この早口言葉は，Ж ж（ジェー）の発音練習になります。これを音節ごとに区切り，日本語で近い発音を加えると次のようになります。

Жу（じゅぅ）тко（とか） жу（じゅ）ку（くぅ）
жить（じぃち） на（な） су（す）ку（くぅ）

一音節ずつ読んだ後，続けて読んでみると，意外と読めるのではないでしょうか。Ж ж の発音に注意しましょう。

早口言葉その２

Карл у Клары украл кораллы,
а Клара у Карла украла кларнет.
（カールはクララから珊瑚を盗み，
クララはカールからクラリネットを盗んだ）

これは Р р（エル）と Л л（エリ）の発音練習です。巻き舌のエルと舌先をしっかりと上前歯の歯茎に付けるエリを意識して使い分けましょう。以下では便宜上，巻き舌の Р р をカタカナで，Л л をひらがなで示します。

まず前半だけ読みましょう。

Карл（かぁルる） у（う） Кла（くらぁ）ры（ルィ）
у（う）крал（くラァる） ко（か）ра（ラァ）ллы（るぃ），

巻き舌のＰｐを発音する時には，しっかりと息を吐きながら声を出し，Λл を発音する時には，舌先または舌の前面を上の前歯の付け根または歯茎に密着させましょう。

続いて後半です。

а（あ） Кла（くらぁ）ра（ラ） у（ウ）Кар（かぁル）ла（ら）
у（う）кра（くラァ）ла（ら） клар（くらル）нет（にぇぇと）．

早口言葉その３

На дворе трава, на траве дрова,
не руби дрова на траве двора.
（庭に草，草の上に薪，庭の草の上で薪を割らないで）

これは四つに分けます。最初の部分です。

На（な） дво（どわ）ре（リェ） тра（とラ）ва（わぁ），

続いて二番目の部分です。

На（な） тра（とラ）ве（ヴィぇ） дро（どラ）ва（わぁ），

続いて三番目の部分です。

не（に）ру（ルゥ）би（びぃ）дро（どラ）ва（わぁ）

最後の部分です。

на（な）тра（とラ）ве（ヴぃぇ）дво（どわ）ра（ラァ）.

いかがでしょうか。少しずつ，ロシア語の口の構えや動かし方に慣れていくための練習教材として，早口言葉がよいという話，発音が難しいと思われる場合，一音節ずつ丁寧に読んでいくとよいという話をしました。

おわりに

本日の講義は，次の内容を取り上げました。

ロシア語の文字はアルファベット
ロシア語のアルファベット
母音字
子音字と記号
発音してみましょう
早口言葉と発音練習

ロシア語の文字は，ロシア語アルファベットともキリル文字ともいいます。アルファベットという言葉は，英語の文字だけを指し示すわけではありません。ロシア語のアルファベットは，10 個の母音（硬母音と軟母音），21 個の子音（有声子音と無声子音），2 個の記号（硬音記号と軟音記号）からなります。ロシア語の母音字は，日本語のあ行の文字に似た発音をもつ硬母音字と日本語のや行の文字の発音に似た発音をもつ軟母音字からなります。

ロシア語の子音を学ぶときには，有声子音と無声子音という言葉から学びます。声の有無だけで異なる子音のペアが6対あり，ペアのない有声子音と無声子音は4つずつあります。

以上31の文字に2つの記号を加えた33文字がロシア語のアルファベットです。基本的に1文字1音が対応しているロシア語アルファベットは，発音の仕方を丁寧に覚えることで，どんな文も読めるようになります。早口言葉も一音節ずつ丁寧に発音練習することで，言える・読めるようになります。

以上

講義Ⅲ　ロシア語の位置づけと人称代名詞

本講義の内容

ロシア語話者数とその分布

移民のコミュニティー

世界の中のロシア語

ロシア語の人称代名詞

ロシア語を知っている人の数

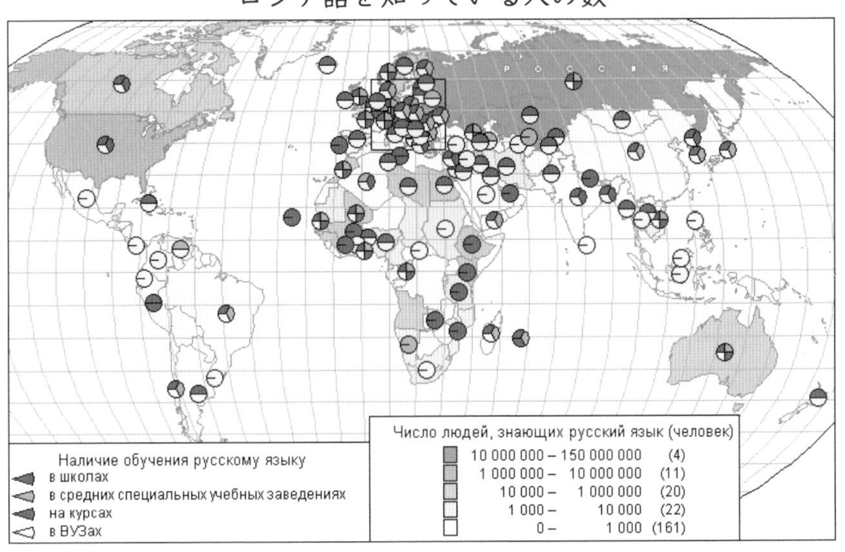

ロシア語話者数とその分布

前回の講義でお話した通り，ロシア連邦の人口は，約 1 億 4600 万人です。これに対して，ロシア語のネイティブ*は現在，1 億 8000 万人程いるといわれています。単純に数字だけ見ても，ロシア国民の数より，ロシア語ネイティブの数の方が多いことが分かります。言い換えると，ロシア語ネイティブは，ロシア国外にもたくさんいるというわけです。ロシア国外のロシア語ネイティブは，一節によると，6000 万人以上いるといいます。

* ロシア語のネイティブをロシア語で носи́тели ру́сского языка́ または русскоязы́чные といいます。

また，ロシア語話者の数は，ネイティブでない人も含めると，2 億 6000 万人になります。これは，10 億を超える話者をもつ中国語や英語と比べると少ないように感じられます。それでも 2 億を超える話者がいる言語というのは，多くありません。つまり，ロシア語は世界の大言語のひとつなのです。

ネイティブでないロシア語話者の多くは，ロシア連邦内はもちろんのこと，アジアではモンゴル，ヨーロッパではブルガリア，セルビア，チェコ，ポーランド，ドイツ，そして，中東のイスラエル，米国で暮らしており，そのほかにも，世界中で暮らしています。

それでは，なぜロシア語話者たちは，世界中に，そして，これらの国や地域に多くいるのでしょうか。

まず，モンゴル，ブルガリア，セルビア，チェコ，ポーランドは，旧ロシア帝国および旧ソ連の勢力圏内にあった地域や国々です。つまり，現在の日本人が英語を使えるとキャリアの可能性が広がるのと同じで，それらの国では，ロシア語ができると，キャリアの可能性が広がるのです。

加えて，ブルガリア，セルビア，チェコ，ポーランドは，ロシア人と同じスラヴ人です。つまり，数千年前は同じ民族だった人々です。このうち，ヨーロッパの最東部で暮らし，数百年間，アジア人と接触する中で文化を発達させた人々は東スラヴ人，ギリシア人と繋がりを保ち続けた人々は南スラヴ人，ドイツ人と繋がりを保ち続けた人々は西スラヴ人と分かれていきました。そして，さらなる後に，東スラヴ人は，ロシア人，ウクライナ人，ベラルーシ人に分かれ，南スラヴ人は，セルビア人やブルガリア人などに分かれ，西スラヴ人は，ポーランド人，チェコ人などに分かれていきました。

では，なぜドイツやイスラエル，米国にも多くのロシア語話者が暮らしているのでしょうか。

移民のコミュニティー

ドイツや米国に移民のコミュニティーがあるということについては，近年のシリア問題，そして現在のウクライナ問題などを通してよく知られているかと思います。つまり，母国に大きな災禍が――それが自然のものか人造のものかは別として――あった場合、多くの人が母国を離れて移民となるのです。

他方，イスラエルにロシア語話者のコミュニティーがあることについては，意外だと思う人もいるかもしれません。イスラエルの人々のことをユダヤ人といいます。ユダヤ人と聞くと，皆さんの中には，ヨーロッパではユダヤ人差別が様々な形で繰り返されたことを思い起こす人もいらっしゃるかと思います。

そして，ユダヤ人差別と聞くと，まずドイツでのユダヤ人迫害を思い浮かべるという人もいるでしょう。しかし，ナチス・ドイツがユダヤ人を迫害していたころ，ヨーロッパのほとんどの国で，ほとんどの民族が，千単位，万単位でユダヤ人を殺害していました。つまり，ユダヤ人差別と迫害は，ひとりドイツ人の間だけでなく，ヨーロッパのほぼ全土で長い間繰り返されたのです。

そんな苦難を生き延びたユダヤ人の間には，〈いつか世界を創った神が自分たちの国を与えてくれるだろう〉という信仰がありました。彼らはその日が来るのをずっと待っていました。もちろん，なにもしなかったわけではありません。世の無常を嘆きつつも，信仰とそれに基づいた希望を父祖から受け継ぎ，子孫へ伝え，世間について深く深く学ぶよう子どもたちを育てました。

ところが，そんなユダヤ人の間から，宗教について，それは「民衆のアヘン」であるという有名な言葉*が生まれました。

＊ カール・マルクス Karl Marx の言葉が有名。

この言葉は長い間，〈宗教はアヘン（＝麻薬）と同じだからやめた方が良い〉などのように誤解されてきました。しかし，当時アヘンはケガや病気の治療の際の痛み止めとして使われていました。つまり，〈宗教はアヘン〉という言葉は本来，〈宗教は，現実社会の不幸から来る痛みを和らげるための対処療法のための薬であり，その意味で価値があるが，取り去れる不幸については現実社会そのものを根本的に改善して取り去った方が良い〉という意味です。

これを分かり易い例でいえば，「コーヒーの飲みすぎでお腹が痛いからといって，お腹の痛み止めを飲み続けても埒が明かないので，コーヒーの飲みすぎを止めた方が良い」というようなことです。これと同じように，ただ神を信じて待つのではなく，自分たちの手で現実を変えようと，この場合，ユダヤ人差別のない国を自分たちの手で建てようと考える人々が現われました。そして，今のイスラエルを建国したのです。

では，なぜ今のイスラエルにロシア語話者が多く暮らしているのでしょうか。

皆さんもご存知の通り，資本主義は経済格差をもたらします。経済格差は，それ自体が悪いことではありません。ただ，少なからぬ人々に貧困と不平等の問題をもたらすまで進行すると，改善が必要になります。

改善の方法はいろいろと提案されています。かつて，この問題を根本的に解決しようとした人々がいました。彼らは，生産手段を社会全体で共有して分配の平等を実現し，男女差別のない，民族差別のない，身分・家柄の違いによる差別のない社会を目指しました。この方法と目標をもった思想を社会主義といいます。

1917 年にロシアで社会主義者が革命を起こし，内戦の中で多くのロシア国民の支持を受けて，1922 年に世界初の社会主義国家であるソヴィエト社会主義共和国連邦（略称・ソ連）を建国しました。この革命運動に多くのユダヤ人が共感を覚えて参加しました。ところが，結局のところ，民族差別が十分に克服されることのないまま，ソ連は解体，その後，多くのユダヤ人がイスラエルへ移り住んだのです。

その一方，社会主義国家の建設に反対したロシア人は，20 世紀を通じてロシアを離れ，ヨーロッパや中近東，アフリカ，南北アメリカ，アジア，オーストラリアへと移り住みました。

こうして 21 世紀の今，イスラエルにはロシア語話者のコミュニティーがあり，世界各地にロシア人のコミュニティーがあるのです。

世界の中のロシア語

現在，ロシア語は，ロシア連邦の公用語であるばかりか，国際連合の公用語の 1 つでもあります。つまり，国際連合の公式の文書はすべてロシア語で読むことができるのです。

また，すでにお話した通り，ロシア人コミュニティーは世界中に広がっています。ドイツの大都市でも，米国の大都市でも，フランスの大都市でもロシア語の新聞や雑誌を買うことができます。

加えて，米国の大きな街を歩いていると，ロシア語の看板を見ることがあります。そして，それらの看板を見ると，面白いことが見えてきます。

たとえば，ロシア語と英語がほぼ同じ大きさで書かれている看板があります。その一方で，ロシア語しか書かれていない看板もあります。さらには，英語で大きく，看板の半分以上の面積に"EUROPEAN FOODS"と書かれている一方で，その看板の下部には，小さなロシア語で«МЫ ИМЕЕМ ПРОДУКТЫ ИЗ РОССИИ ПО НИЗКИМ ЦЕНАМ»（ロシアの食材が低価格であります）と書いてある看板もあります。つまり，英語話者とロシア語話者とに対して，それぞれ異なる売り文句で宣伝しているのです。日本でも中華街に行けば，日本語と中国語を色々と組み合わせた看板を見ることができますが，それとよく似ています。

さて，現在，世界にはおよそ 7000 の言語があります。一方，世界のおよそ 3 分の 2 の人々は 40 ほどの言語を使って暮らしています。大言語としては，中国語，ヒンディー語，英語，スペイン語，アラビア語，ロシア語，ポルトガル語などが知られています。ロシア語も世界の大言語のひとつなのです。

これらの言語の多くはインド・ヨーロッパ語族に属す言語

です。ロシア語は，インド・ヨーロッパ語族の中のスラヴ語派，東スラヴ語群に属しています。イメージとしては，ロシア語と同じ東スラヴ語群に属すウクライナ語とベラルーシ語は，ロシア語とは兄弟関係にあるようなもので，ロシア語と同じスラヴ語派に属すポーランド語やチェコ語は，西スラヴ語群に属し，ロシア語とは従兄弟関係にあるような関係にあります。

兄弟というと，顔を見るとそっくりな部分もあれば，似た部分，あるいは全然似ていない部分があるかと思います。これがイトコなどの親戚になると，似ている部分より似ていない部分の方が目立つのではないでしょうか。言語も似たイメージです。そして，そういったイメージを感じられるのが，人称代名詞です。

その一方で，ロシア語にも方言があり，ロシアのヨーロッパ部とその他の地域とで違いがある一方，ヨーロッパ部の北部と西部にも方言があります。

例えば，アクセントのない o は a と発音するルールが今のロシア語では標準になっていますが，それは元来方言のひとつでした。それはとても興味深いテーマなのですが，今日は，ロシア語の人称代名詞の話に移りましょう。

ロシア語の人称代名詞

ロシア語の人称代名詞は，次の通りです。

		単数	複数
1人称	話し手	**я**	**мы**
2人称	聞き手	**ты / Вы**	**вы**
3人称	話　題	**он / она / оно**	**они**

全体的に，英語の人称代名詞と比べると，似ているように見えるかと思います。まず，1 人称は，単数が я で複数が мы です。これは英語の I と we に対応しているので分かり易いかと思います。また，3 人称では，単数で он，она，оно の 3 種類があり，英語に he，she，it と 3 種類あるのと似ています。

英語と違っている点もあります。まず，2 人称です。英語では単数も複数も you で統一されていますが，ロシア語では単数で 2 つの形があります。親しい相手や対等または目下の相手に対しては ты を使い，それ以外の相手に対しては вы を使います。вы は複数も意味します。また，この 20 年ほどの新しい慣習として，単数で使う Вы は最初の в を大文字で書きます（В の大文字と小文字は形が同じで、大きさが違います）。

また，ロシア語の名詞には性があり，3 人称の он と она はそれぞれ男性名詞と女性名詞の代わりをなします。加えて，英語の he と she は，もっぱら人物を表し，事物を表すことは特殊なケースに限られますが，ロシア語の он と она は，ふつうに人物も事物も表します。

そこで，名詞に性があること，3 人称の人称代名詞は人物も事物も表すことについて，次に，人称代名詞を使った基本的な文を見ながら考えてみましょう。

例えば，日本語で「私は学生です。」という文を英語に訳すと，“I am a student.“でしょうか。これをロシア語に訳すときには，«Я студент.»と«Я студентка.»の 2 つの可能性を考える必要があります。それは，「私」が男性なら前者の一択ですが，女性なら前者でも後者でもよいとなるからです。つまり，ロシア語の студент は男女の別を問わず「学生」を表しますが，

студентка は「女性の学生」を表すのです。

このように，人の地位や身分，立場を表す言葉のいくつかは，ロシア語では男女の別があります。次の例を見てみましょう。

日本語	私は日本人です。
英語	I am a Japanese.
ロシア語	Я японец.　Я японка.

＊ японец はイポォニェツ，японка はイポォンカ

やはり「日本人」を表す言葉にも男女の別があります。男性なら **японец**，女性なら **японка** です。ただし，今回は，前者は男性，後者は女性のそれぞれ一択になります。

他の国の人についても次に見る通り，男女で異なる言葉が使われています（左が男性，右が女性）。

ロシア人	**русский / русская**	ルゥスキィ／ルゥスカヤ
中国人	**китаец / китаянка**	キタィェツ／キタヤンカ
台湾人	**тайванец / тайванка**	タイワニェツ／タイワンカ
韓国人	**кореец / кореянка**	カレェツ／カレヤンカ

ところで，上の例文からお気づきの方もいらっしゃるかと思いますが，ロシア語に冠詞はありません。また，現在時制で be 動詞に相当する動詞は不要です。

ですから，疑問文を作るときには，とくに工夫が要りません。

次の例でみておきましょう。

日 本 語	あの人はロシア人ですか。
ロシア語	Он русский?　Она русская?

日本語で「あの人」という時，男女の別は意識されていませんが，ロシア語の場合，男女の別を必ず表現します。「あの人」を直訳した **тот человек** という言い方もありますが，それでもこれら 2 語は男性形の指示代名詞と男性名詞という形で男女の別を表現しています。

上の例にある通り，ロシア語では，文末の点（.）を疑問符（?）に替えるだけで平叙文を疑問文に替えることができます。では，読むときはどうするか，というと，イントネーションで区別します。つまり，質問したい単語のアクセントのある音節を高く読むのです。「ロシア人」の場合，男性も女性もアクセントは у にありますから，そこを高く読むのです。英語の疑問詞のない疑問文とは違い，文末を高く読むのではありませんので，注意が必要です。

話を戻します。

ロシア語の名詞には性があるという話をしています。

続いて，ロシア語の 3 人称単数の人称代名詞は，人物と事物の両方を表すということを次の例で確認しておきましょう。

Это Иван. Он хороший.
Это суп. Он хороший.

上の 2 文は，「こちらはイワンです。彼はいい人です。」という日本語に相当します。下の 2 文は，「これはスープです。これはおいしいです。」に相当します。イワンは男性の人物名ですから，もちろん男性名詞を受ける人称代名詞 **он** で受けます。そして，スープ **суп** は男性名詞ですので，やはり男性名詞を受ける人称代名詞 **он** で受けることになります。下の 2 文を「これはスープです。彼はいい人です。」と訳してしまうと，意味が通らなくなりますし，誤訳になります。

名詞には性があるということ，3 人称単数の人称代名詞は人物と事物の両方を表すということの 2 点を，女性名詞でも確認しておきましょう。

Это Нина. Она красивая. Это картина. Она красивая.

上の 2 文は，「こちらはニーナです。彼女は美人です。」という日本語に相当します。下の 2 文は，「これは風景画です。これは美しいです。」に相当します。ニーナは女性の人物名であり，風景画 **картина** は女性名詞ですので，やはり同じ人称代名詞で受けることになります。人物の意味で訳すか，事物の意味で訳すかによって，文の意味がまったく異なります。

このように，ロシア語の 3 人称単数の人称代名詞は，人物と事物の両方を指し示すことができるのです。

おわりに

本日の講義は，次の内容を取り上げました。

ロシア語話者数とその分布
移民のコミュニティー

世界の中のロシア語
ロシア語の人称代名詞

ロシア語は，世界でも多くの話者数をもつ世界の大言語のひとつです。ロシア国外でも広く使われています。ロシア語が世界で広く使われているのは，ロシアという国が，20 世紀までに果たしてきた世界的な働きによります。

ロシア語の人称代名詞は，インド・ヨーロッパ語族の他の言語と似ているところがありますが，異なる所もあります。特に，二人称の使い方には，人の呼びかけ方に対応したマナーが関係していること，3 人称の **он** と **она** は人物も事物も表すことができることに，特に英語しか外国語を知らない人は，注意が必要です。

以上

講義Ⅳ よくあるロシアの姓と名詞の性

本講義の内容

よくあるロシアの姓
助詞か語順か格語尾か
姓の歴史
姓の性
名詞の性

ロシア中央部でもっともよくある姓

よくあるロシアの姓

ロシアの姓に関する研究としてよく知られたものに，バラノフスカヤ（Балановская）のもの，ジュラヴリョフ（Журавлёв）のもの，ウンベガウン（Унбегаун）のものがあります。この3名の研究は，それぞれ異なる結果を示していますが，他方で，ロシアでもっともよくある姓は，スミルノフ（Смирнов）とイワノフ（Иванов）のどちらかであるという点で共通しています。

２番目以降トップ5を見ていくと，3人のリストには微妙な違いが見られるものの，面白い特徴も見て取れます。先の2つの姓のほかに，ワシリエフ Васильев，クズネツォフ Кузнецов，ペトロフ Петров，ソコロフ Соколов，ポポフ Попов，ミハイロフ Михайлов と並んでいて，ロシアによくある姓のトップ5は、「〇〇オフ-ов」または「〇〇イェフ-ев」で終わるものばかりなのです。この特徴は，6位以下のトップ10でも同じです。レベヂェフ Лебедев，フョードロフ Фёдоров，コズロフ Козлов，ノヴィコフ Новиков，ヤコヴレフ Яковлев，モロゾフ Морозов，アンドレエフ Андреев など，同じ特徴を持っています。

どうやら，ロシア人の姓というと，ドストエフスキイとかカンディンスキイ，チャイコフスキイとかストラヴィンスキイなど，「〇〇スキイ」という姓の人がよく知られていますが，これらは実は，ロシア人の姓としては，よくあるもののトップ10に入るほどポピュラーなものではないようです。

では，「〇〇オフ」であるとか，「〇〇イェフ」であるとかいう姓に何か意味はあるのでしょうか。実は，あるのですが，それを理解するためには，少し文法的な話をする必要があります。

助詞か語順か格語尾か

日本語は,「太郎は」「花子を」というように,いわゆる「てにをは」をつけて,名詞の文中の役割を示します。「ぼく,ぱん,たべる」でも意味は通じますが,それではきちんとした文になっていません。

例えば,幼稚園児であれば,同い年の男の子から「ぼく,きみ,すき」といわれて,「うん,私も好き！」という女の子もいるかもしれません。では,同い年の男子学生から同じようにいわれて,「うん,私も好き！　付き合って！」と答える女子大生はいるかといえば,いないのではないでしょうか。

他方,英語には,「てにをは」がありません。代わりに,語順で名詞類の文中の役割を示すことになっています。ＳＶＯとかＳＶＣ,ＳＶＯＯ,ＳＶＯＣとかいう文型の話を,皆さんも英語の授業で学んだことがあるでしょう。

ロシア語には,日本語のような「てにをは」はありません。しかし,英語のように語順がしっかりと決まっているわけでもありません。基本の語順はもちろんあります。それでも,日本語のように動詞を最後に置いた語順でも,あるいは主語を最後に置いた語順でも,意味が通じるのです。

例えば,日本語で,「イワンはマリヤを愛している。」を英語に訳すと,次のようになります。“John loves Mary. “

ここで,イワン Иван がなぜ英語で John ジョンなのかと,疑問に思う人がいるかもしれません。実際,イギリス人の John は,ロシア語で Джон と書きますが,ロシアのイワンもイギリスのジョンも,ギリシア名のイオアンネス,さらにいえば,ヘブライ名のヨハネ（「神は恵み深い」の意）に由来します。キリスト教の聖人バプテスマのヨハネは,英語で John the Baptist ですし,『ヨハネによる福音書』が,Gospel of John であることは，ご存知でしょう。
話を元に戻します。
件の文をロシア語に訳すと次のようになります。

Иван любит Марию.（基本の語順・SVO）

Иван Марию любит.（日本語と同じ語順・SOV）

Марию любит Иван.（主語が最後にある・OVS）

他の形にも訳せますが，まずは上の 3 つを見ておきましょう。これら 3 つの文は細かいニュアンスは別として，どれも同じ意味です。なぜ，このようなことが可能なのでしょうか。ひとつひとつの単語の形を見てください。文の中の位置は異なりますが，それぞれの単語の形は同じだということが分かるでしょうか。ロシア語の名詞類は，語尾を変化させて，文中の役割を示します。ですから，語形さえ正しければ，語順が変わっても意味が通じるのです。
ここでさらに話を元に戻します。
ロシア人の姓の末尾にある「○○オフ-ов」または「○○イェフ-ев」というのは，名詞類の文中の役割を示す格語尾のひとつです。文法用語でいうと男性複数生格を表す語尾です。そして，生格という格は，「○○の」という意味をもちます。つまり，「○○オフ-ов」または「○○イェフ-ев」という格語尾は，「○○の子ら」という意味なのです。例えば，ペトロフ Петров やアンドレエフ Андреев は，「ペトロの子ら」「アンドレイの子ら」という意味ですし，ポポフ Попов やクズネツォフ Кузнецов は，「神父の子ら」「鍛冶屋の子ら」という意味です。
このように，ロシアでもっともよくある姓は，「○○の子ら」

という意味をもっています。実は，このことには，姓というものの役割とロシアの歴史が関わっています。姓には役割があるのです。

歴史というと嫌がる人も少なくありません。しかし，ひとつの言語圏の文化と社会，あるいは言語と文化を理解する上で，歴史の理解は大切です。そこで，次に人の姓や氏には歴史があるということを確認しておきましょう。

姓の歴史

日本語の場合，姓と氏の違いに話が向かうと長くなるので，その点を省略し，簡単に氏の歴史を振り返ってみましょう。

徳川時代には，武士のみが「氏」を使用しました。これが明治時代に入り，明治 3 年になると，平民にも「氏」の使用が認められるようになります。ところが，平民の間で「氏」の使用が広まらなかったからでしょうか，明治 8 年になると，「氏」の使用が義務化されます。

なぜ，平民は，「氏」の使用を認められても，使わなかったのでしょうか。それは平民に「氏」は無用だったから，さらにいうと，平民の暮らしの中に「氏」を使う場面がなかったからではないでしょうか。国が平民に「氏」の使用を認めただけでなく，義務化しようとしたということは，それが民にでなく国に必要だったからだと推測できます。

興味深いことに，明治 9 年に，妻は「実家の氏」を用いることとなっています。夫と妻は別の氏を名乗ったのです。「夫婦別姓」というと，最近の潮流のように思われますが，実は，明治時代に一度実現していると考えると，なんだか面白いのではないでしょうか。これが明治 31 年になると，「夫婦同氏」制に変わります。これは家に基づく制度です。

これが昭和22年になると婚姻に基づく「夫婦同氏」制に移行します。結婚が，家のものから，二人のものになったということでしょう。そして，今に至ります。

このように，人の名前には国や地域の歴史が関わっています。

ロシアはどうでしょうか。

ロシアで人を表す際に2つ以上の語を用いた記録として残っている文書で古いものに，1240年の文書があります。これは戦争の記録です。多くの兵士を記録に残すにあたり，名だけでは整理できなかったのだと推測されます。

次に現れたのは，ロドヴォエ・イーミャ родово́е и́мя と呼ばれるものです。日本語にすると，「一族の名」といったニュアンスをもった言葉です。これは，その一族の住み着いた土地の地名であったり，共通の祖先の名であったりしました。

その後，15世紀末になると，ポーランド，リトアニア，ギリシアといった外国から移民が流入し，その地の「一族の名」が知られるようになります。17世紀には西ヨーロッパから移民が流入して同様の現象が起こります。

「一族の名」は，あくまで街を統治する公とその一族か，世襲貴族あるいは移民の間で使用するものでした。一般市民の間で名以外の言葉として使われていたのは，「イワンの子のイワン」「太っちょのイワン」といった言い方で，以前の授業で紹介した父称 о́тчество あるいはあだ名 прозви́ще でした。父称とは，父親の名から作られるもので，現在もコミュニケーションの上で大切な役割を果たしています（講義Ⅲ　ロシアの基本データと人の名前）。

以上の状況が変わるのが18世紀のこと，ピョートル大帝によって「パスポート」が導入された時のことです。ピョートルは，国家の近代化のために必要な技術，制度を西ヨーロッパ，南ヨーロッパから次々に導入し，サンクトペテルブルグという新しい都を建設したことで有名です。このピョートルが，ロシアに導入したものの中に，パスポルト па́спорт とファミリヤ фами́лия という言葉がありました。

この2つの言葉はラテン語です。ピョートルは，国民にパスポルトを発行し，そこにファミリヤを記載することにしました。そして，ファミリヤには，かつての「一族の名」を記入してもよいし，父称を記入してもよい，あるいは「あだ名」を記入してもよいということにしました。このファミリヤを，現在は日本語で「姓」と訳します。

このとき，外国由来の「一族の名」も姓となりました。作家のドストエフスキイ，作曲家のムソルグスキイ，チャイコフスキイなどの「〇〇スキイ」の姓をもつ人々は，ポーランドやベラルーシから来た人々の子孫です。またプリュシェンコや，ポロシェンコ，エミリヤネンコなど「〇〇エンコ」の姓はウクライナ由来です。

姓の性

ここまでの講義を聞いて，先の講義を思い出した人の中には，「あれ？」と思う人もいるのではないでしょうか。先の講義では，何人かの女性の名前をフルネームで紹介しました。

例えば，次の2名です。

Мария Юрьевна Шарапова
（マリヤ・ユリエヴナ・シャラポワ）

Юлия Вячеславовна Липницкая
（ユリヤ・ヴァチスラワヴナ・リプニツカヤ）

この2人の姓は，「○○オフ」や「○○スキイ」で終わっていません。これは，姓には性があり，姓は性に応じて形が変わるからです。つまり，シャラポワさんの夫はシャラポフ，クズネツォフの妻はクズネツォワとなるのです。ポポフの娘はポポワです。リプニツカヤはリプニツキイの娘です。

このように，ロシア人の姓には性があるのです。このことは，しばしば翻訳家を悩ませる問題になったことでも知られています。世界的に有名なレフ・トルストイの娘さんは，アメリカ合衆国に移り住みましたが，彼女の姓はロシア語読みではトルスタヤでした。しかし，アメリカではトルストイと呼ばれました。また，レフ・トルストイの有名な小説『アンナ・カレーニナ』は，女性をめぐる物語であり，このタイトルはその女性の名と姓ですが，アメリカで出版された本には，"Anna Karenin" と書いてあるのです。

果たして，トルストイの妻は，トルストイ夫人なのか，トルスタヤ夫人なのか。女性でトルストイという姓の人はいません。トルスタヤならいます。しかし，トルスタヤ夫人というと，「トルスタヤさんの奥さん」のように聞こえます。トルスタヤという姓の男性はいません。

こうした言葉の上での意識は，女性の自意識にも影響を及ぼしているようです。以前，日本に滞在なさったご夫婦の奥さんは，「日本にいると，「○○先生の奥さん」といわれてとても嫌だ。私は彼の所有物ではなく，私には私の名も姓もある」とおっしゃっていました。

言葉というのは，その使い方によって人の意識に深く影響を及ぼすのでしょう。近年，誹謗中傷を受けて自殺した人の事件が話題になりますが，言葉の使い方には気をつけたいものです。

名詞の性

言葉は話者の意識に影響を及ぼすという話をしました。このことは言語を使う時にもいえます。例えば，名詞というのは，「名を表す詞」と書きます。事物・人物・出来事・事件などには「名」があります。名詞はそれを表す詞なのです。

このことは，どの言語も同じです。

他方で，名詞に性と数と格があるというのは，ロシア語の特徴であって，日本語にはありません。英語には数がありますが，ロシア語とは作り方が違います。ロシア語を学ぶというのは，こうしたロシア語に特有の特徴を理解し，その知識を定着させ，使用できるようになるという一連の知的な営みです。

言語による違いということを，「本」という名詞を例として考えてみましょう。例えば，日本人が，「私は本を持っています。」という時，それが一冊なのか，何冊かなのかをあまり意識しないでしょう。しかし，英語のネイティブは，“I have“といった時には，すでに“a book“か“books“か，つまり，単数か複数かを意識していると思われます。

ロシア人は，«У меня́ есть»（私にはある）といった時点で，«кни́га»（単数形）か«кни́ги»（複数形）を意識していると思われます。この意識が，文法用語でいえば，単数か複数か，男性か女性か，という問題にかかわっているのです。

名詞に性があるということは，英語以外のヨーロッパの言語，例えば，ドイツ語やフランス語，スペイン語を学んだことのある人ならよく知っていると思います。英語しか知らない人は，「え？　それなに？」と思うかもしれません。

「名詞の性」というときの「性」はジェンダーです。

ジェンダーという言葉は近年，アクチュアルになっていますが，これは社会的・文化的に作られたものとしての性で，言語を説明する概念として使われています。それが名詞類のジェンダーです。

ジェンダーは，社会的・文化的に作られたものですから，その根拠はあってもないようなものです。

例えば，ロシア語でテーブル（стол）は男性，黒板（доска́）は女性，鉛筆（каранда́ш）は男性，ボールペン（ру́чка）は女性です。また，モスクワ（Москва́）は女性，ペテルブルグ（Петербу́рг）は男性，水（вода́）は女性，ジュース（сок）は男性，コニャック（конья́к）は男性，ウォッカ（во́дка）は女性，ワイン（вино́）は中性です。川（река́）は女性ですが，湖（о́зеро）と海（мо́ре）は中性です。

ジェンダーは，社会的・文化的に作られたものであり，その根拠はあってもないようなものですから，「なぜ川は女性で，海は中性なんだ」と問うても無意味です。

では，見分けることはできるのでしょうか。生物学上の性であれば，遺伝子を見ることになるでしょうが，ロシア語の名詞の場合，末尾の字母を見ると分かります。子音で終わっていれば男性，ア（а）とかヤ（я）で終わっていれば女性，オ（о）とかヨ（ё）で終わっていれば中性というわけです。細かいことをいえば他にもありますが，まずは基本的なところを押さえておきましょう。

末尾の字母を見れば，名詞の性が分かるといいました。このことは，3 人称の人称代名詞を思い出せば，よく分かります。男性名詞を受けることができるのは он。子音で終わっています。女性名詞を受けることができるのは она。ア（а）で終わっています。中性名詞を受けることができるのは оно。オ（о）で終わっています。

このことから，ロシア語を学ぶ上で大切な特徴があきらかになります。前回取り上げたのと同じ例文をここでも取り上げます。

Это Иван. Он хороший.
Это суп. Он хороший.

上の例の右の文は全く同じ形をしています。 «Он хороший.»です。これをどう理解するか。「彼はよい」か，「それはよい」か。人称代名詞 он が何を受けているかを理解しないと，この問題は解決しません。上の例は，「こちらはイワンです。」を受けているので，その後の он は「彼は」を意味します。下の例は，「これはスープです。」を受けているので，その後の он は，「それは」を意味します。当然，述語に来る хороший（よい）のニュアンスも，主語が「イワン」なら〈優しい〉〈親切〉などに，主語が「スープ」なら〈おいしい〉などに変わるでしょう。

このように，ロシア語の名詞には性があり，末尾の響きと共に独自の言語世界の一端を担っています。今回は，人の姓と性，言語の中の姓と性，それらが織りなすロシア語の世界の一端を紹介しました。

おわりに

本日の講義では，次の内容を取り上げました。

よくあるロシアの姓
助詞か語順か格語尾か
姓の歴史
姓の性

名詞の性

ロシアでもっともよくある姓は，「〇〇の子ら」という意味をもつものです。このことは，ロシアの歴史と深く関わっています。日本に似て，平民が姓を用いるようになったのは近代に入ってからのことです。それ以前から外国由来の姓をもつ有名人も少なくないこと，ロシアの姓には性があることなど，日本語とははっきり異なる点もあります。

ロシア語の名詞には性があります。生物以外を表す名詞についても性の区別がありますが，名詞の性は末尾の字母で簡単に見分けることができるので，折に触れて慣れておきましょう。

以上

講義Ⅴ　ロシアのマスコットと名詞類の格

本講義の内容

ロシアのマスコットとその背景
マスコットの示す世界
ロシア語における名詞類の格
格変化

ロシアのマスコットとその背景

ロシアの国民的マスコットといえば，チェブラーシカ Чебурашка が世界的に有名です。チェブラーシカは，1968 年に絵本の中に登場し，1969 年にアニメ化されたソ連時代のキャラクターでしたが，2004 年にはオリンピックの公式マスコットキャラクターに選ばれました。ソ連時代には，チェブラーシカのほかに，「こぐまのミーシャ Медвежонок Миша」が大変人気を博しました。こちらは，1980 年のモスクワ夏のオリンピック公式マスコットキャラクターです。

このように，チェブラーシカもこぐまのミーシャも，ロシアを代表するマスコットキャラクターです。チェブラーシカは，皆さんご存知の通り，こぐまに間違えられるような見た目ですが，架空の動物で，その正体は分かっていません。これに対して，こぐまのミーシャは，はっきり「こぐま Медвежонок」といわれます。

なぜ，クマやクマに見えるキャラクターがロシアのマスコットになるのでしょうか。

それは，ロシアの気候風土とかかわりがあります。ロシアというと，日本人は「北国」「寒い国」というイメージを持つ人が多いかと思いますが，寒い北のロシアの大地には，永久凍土と草原の間に広大な森が広がっています。世界最大の国土を誇るロシアには，やはり世界有数の広さを誇る森林が広がっているのです。

そして，クマは森の住人です。つまり，ロシア人は古くからクマとかかわりをもってきました。古くからクマの特性をよく把握しているロシア人が描く絵本や民話では，クマはぶきっちょな存在として登場します。もちろん，現代の都市で生まれ育ったロシア人にとっても，子どもの頃から絵本や民話を通して親しんできたので，森で暮らしたことがなくても，クマはなじみのある存在なのでしょう。

このように，ロシア人なら誰でも，子どもの頃から絵本や民話を通してクマになじみをもって育ちます。これを，ソ連のアニメーター，ヴィクトル・チジコフ Виктор Чижиков がオリンピックのメダルと五輪のイメージを結び付けてデフォルメし，「こぐまのミーシャ」としてキャラクター化しました。ミーシャは，ぬいぐるみにもなり，切手にも描かれ，大変な人気を博したということです。

クマのキャラクターというと日本では，イギリス児童文学のキャラクター「クマのプーさん Winnie-the-Pooh」が有名ですが，ロシアにもウィニィ・プゥフ Винни-Пух がいます。ただ，ウィニィ・プウフの姿かたちは，クマのイメージとしては，よりリアルな色合いの濃い茶色で，体形はずんぐりむっくりで，クマというよりタヌキのイメージに近いともいわれます。さらに，現在でもロシアアニメの中では，おてんば娘のマーシャと優しいクマのコンビが楽しく心温まる物語を織りなしていて，その名もずばり，「マーシャとクマ Маша и Медведь」といいます。

このようにロシアでは，ウィニィ・プゥフ，チェブラーシカ，オリンピックのミーシャ，マーシャの良きパートナーであるクマと，クマのキャラクターが長く愛されています。そして，その背景には森の国ロシアで文化をはぐくむロシア人の暮らしがあるわけです。

マスコットの示す世界

さて，オリンピックのミーシャは別として，チェブラーシカや「マーシャとクマ」がロシアのマスコットキャラクターである理由は，ロシアの気候風土がかかわっていると説明しましたが，それらがロシア以外の国の人にも愛され，世界的に有名になるには別の理由もあったようです。

例えば，チェブラーシカは，1966 年に絵本で登場し，1969 年にアニメ化されたキャラクターですが，当時は，子供向けアニメでした。それが 2004 年にはアテネオリンピックでロシア選手団の公式マスコットキャラクターになって話題になるまでに，実は，日本を含め，世界的に人気のあるキャラクターになっていました。

なぜ，チェブラーシカが人気のある，愛されるキャラクターになったのかといえば，その愛らしい見た目に理由があると思う人もいるかもしれません。実際，日本ではその愛らしい見た目から様々なグッズに描かれており，その姿に見覚えのある人は少なくないでしょう。

その一方で，チェブラーシカの物語を知っているという人は，それほど多くないのではないでしょうか。実は，チェブラーシカについては，その物語の中で人間社会に対する風刺が描かれており，その風刺が見る人を喜ばせ，慰めているという人がいます。また，チェブラーシカが描かれた世界には，日本人のいう「幽玄」と「侘び寂び」が反映されており，このことが，人の心をつかんでいると説明する人もいます。

果たして，何が正解なのかは，興味深いことです。チェブラーシカについては，日本でも色々な解説があるので，そちらをご覧ください。ここでは，かつてフィンランドの若い母親が自分の赤ん坊の写真と共にホームページに上げていた言葉を拙訳で紹介します。

すべてのより良いものを
私たちの子どもたちのために

このサイトを私は私の娘ペネロパに捧げます
彼女のために私はこの世界を変えたいと思います
そこにはまだこんなに多くの悪があります
私たちこそこの世界をより良いものにできるのだと
私は信じています
私たちの子どもたちにより良いおもちゃ，歌，お話
そしてより良い世界を！
心が正しくされる世界を

これは，今のようにSNSを通して誰もが情報発信をするようになった時代より少し前のことです。幼く小さな命を守る役割を体で感じ取っている若いお母さんが，インターネットサイトを通じて世界中の人に上の言葉を訴えました。いま，目の前で微笑んでいる赤ん坊は，将来健やかに幸せに生きているだろうか。毎日のように嫌なニュースは飛び込んできます。

この世界は，100年前の世界と比べると，ずいぶんとよくなりました。

たとえば、女の子が男の子と同じ教室で教育を受けることが日本で普通になったのは，1949 年に教育基本法が公布されてからのことです。つまり，いまから 100 年前には普通のことではなかったのです。

それでも，今なお多くの悪があり，悲しみを抱える人はいなくなりません。

それでは，どうしたら，この世界をより良いものにすることができるのでしょうか。どうしたら幼い女の子が安心して暮らしていける世界にできるものでしょうか。それは，子どもたちにより良いおもちゃ，歌，お話を与えることによってできるのではないでしょうか。子どもたちに，心が支配する，心が正しくされる世界を与えることによって，世界はより良いものに変えられる――このようにこの母親は訴えています。

そして実際，ソ連のアニメーターたちは，絵画と音楽，そして文学（物語）が融合した新しい総合芸術として，アニメ作品を作ろうとしました。子どもたちの心に優れたアニメ作品を届けることによって，男女の別，民族の違い，生まれた家の違いなどに基づいた差別のない社会を目指そう――そのように考えた人々がいました。だから，日本でも手塚治虫や宮崎駿といった優れたアニメーターは，旧ソ連のアニメに注目し，これから多くを学び取りました。幼い女の子を主人公として，冒険に向かう姿を描いたお話は，アンデルセンの童話で読むことが出来ますが，それをソ連のアニメーターであるレフ・アタマーノフがアニメ化し，日本のアニメーターたちに大きな影響を与えたことは有名です。

いま，この授業を履修している女子学生の中には，今から数年後に，あるいは十年後に，おなかに新しい命をはぐくんでいるかもしれません。いま，この授業を履修している男子学生の中には，そのような小さい命を守る父親の立場になっているかもしれません。チェブラーシカというアニメ作品は，上に紹介した言葉を世界に投げかけた若い母親が，世界中のみんなに見てもらいたいと訴えた作品なのです。

今日はもう一つ，チェブラーシカと同時代に始まり，今も続くテレビ番組とそのキャラクターを紹介します。それは，「おやすみ，子どもたち！ Спокойной ночи, малыши!」という番組です。子ブタの Хрюша，ウサギの Степашка，犬の Филя などがよく知られています。そもそも「マーシャとクマ」は，この番組内のシリーズでした。この番組が人気を博したため，途中から，「おはよう，子どもたち！ С добрым утром, малыши!」も始まりました。

ロシア語における名詞類の格

さて，テレビ番組を見た子どもたちは，翌日，学校で，あるいは友達の家で，こんな話をすることがあるかと思います。

「昨日，プーさんを見た？」
「うん，見たよ。」
「僕はチェブラーシカが好き。」
「マーシャはクマにプレゼントしていたね。」

今日は，こういったことを話すために必要な，名詞類の格についてお話します。

日本語の文を作るときに「てにをは」が必要だということ，ロシア語の文を作るときには文中の役割に合わせて，名詞類の格というものを整える必要があるというお話は，前回の講義でした通りです。また，ロシア語には格というものがあるので，語順が柔軟だ，ということもお話しました。

今日はそのことを掘り下げます。
日本語には「てにをは」があります。

「プーさん」＋「は」＝「プーさん**は**」
「ピャタチョーク」＋「を」＝「ピャタチョーク**を**」

だから，語順が柔軟です。

「プーさん**は**ピャタチョーク**を**愛している。」
≒「ピャタチョーク**を**プーさん**は**愛している。」

ロシア語の名詞に性があることは，前回の講義でお話ししましたが，ロシア語の名詞類にはこれに加えて，格があります。

«Пух»（単数・男性・**主格**）
«Пятачок»（単数・男性・主格）
→ «Пятачка»（単数・男性・**対格**）

だから，語順が柔軟です。

«Пух любит Пятачка.»（基本の語順：ＳＶＯ）
＝«Пух Пятачка любит.»
（あえていえば，動詞「愛している любит」を強調）
＝«Пятачка любит Пух.»
（あえていえば，主語としての「プーさん」を強調）

英語では，このようなわけにはいきません。例えば，“John loves Mary.“と“Mary loves John.“のように語順を入れ替えると，文の意味も変わってしまいます。また，動詞を最後に置いた，“John Mary loves.“という文は，ふつうではありません。

上の例では，主格（日本語の「○○は」に相当）と対格（日本語の「○○を」に相当）の２つを紹介しましたが，ロシア語には次の６つの格があります。

主格（○○は；○○が）	生格（○○の）
与格（○○に）	対格（○○を）
造格（○○で；○○として）	前置格（前置詞を必ず伴う）

６つの格の用法は，ここに説明したことよりも豊富にあるのですが，ここでは一番基本的な用法を紹介しました。

繰り返しますが，ロシア語の名詞類は，性，数，格によって形を変えるので，語順に頼ることなく，文中の役割（主語か目的語かなど）を示すことができるのです。性は男性・女性・中性の 3 種，数は単数と複数の２種，格は主格・生格・与格・対格・造格・前置格の 6 種です。

格変化

次にプーさん（Пух）を例として，男性名詞の格変化を見ておきます。

主格 Пух	生格 Пух**а**
与格 Пух**у**	対格 Пух**а**
造格 Пух**ом**	前置格 Пух**е**

次に女性名詞の格変化を，マーシャ（Маша）を例として見ておきます。

主格 Маша	生格 Маш**и**
与格 Маш**е**	対格 Маш**у**
造格 Маш**ей**	前置格 Маш**е**

次に，以上の形を組み合わせた文を見ていきます。

まず，「これは〇〇です」といいたいときは，**Это** の後ろに〇〇を主格の形で置きます。

Это Пух.　エータ・プーフ
「これはプーさんです。」（男性主格）
Это Маша.　エータ・マーシャ
「これはマーシャです。」（女性主格）

「〇〇の××」といいたいときは，〇〇を生格の形にして，××の後ろに置きます。この場合の順序は変わりません。

Это подарок Пуха.　エータ・パダーラク・プーハ
「これはプーさんのプレゼントです。」（男性**生格**）
Это подарок Маши.　エータ・パダーラク・マーシィ
「これはマーシャのプレゼントです。」（女性**生格**）

「〇〇に」といいたいときは，〇〇を与格の形にします。前置詞は特に必要ありません。

Это Пуху.　エータ・プーフゥ
「これはプーさんにです。」(男性**与格**)
Это Маше.　エータ・マーシェ
「これはマーシャにです。」(女性**与格**)

造格は省略します。前置格については，前置詞 **о**（○○について）と共に紹介されることになっていますので，ここでもその形で紹介します。前置格は，必ず前置詞を伴うことから前置格というということは先に紹介しました。

Это о Пухе.　エータ・ア・プーヒェ
「これはプーさんについてです。」(男性**前置格**)
Это о Маше.　エータ・ア・マーシェ
「これはマーシャについてです。」(女性**前置格**)

このように，ロシア語の名詞（類）は語尾が変化しますので，注意が必要です。

例えば，ロシア人の男性名に **Иван**（イワン），女性名に **Аня**（アーニャ）があります。それぞれの生格形は **Ивана**（イワナ），**Ани**（アニ）です。もちろん，ロシア語の文の中に出てくるので，日本語と間違うことはないでしょうが，**Это подарок Ивана.**（これはイワンのプレゼントです。）を時々，「これはイワナのプレゼントです。」と訳す学生がいます。また，**Это подарок Ани.**（これはアーニャのプレゼントです。）を「これはアニのプレゼントです。」と訳す学生がいます。日本語でイワナといえばサケ科の淡水魚です。また，日本語でアニといえば，男性の同世代の年長の親族です。

このように語尾が変化することに注意が必要なのは，日本人では特に女性でしょう。日本人の女性名にも「あ」の音で終わる名前が少なくありません。「さくら」「ほのか」「ひな」などのほかに「みか」「ゆか」などが思いつきます。これらの名前は，ロシア人にとって外国人名なので，格変化させる必要はなく，文脈に応じて判断されることになっていますが，ロシア人は自然な感覚で格変化させることがあります。そうすると，時々困ったことになるのです。このことを「みか」という名前で確認します。

主格 Мика	生格 Мики
与格 Мике	対格 Мику
造格 Микой	前置格 Мике

これまで本授業でロシア文字を眺めてきた人は，分かるでしょうか。主格は「みか」ですが，生格は「みき」と発音します。与格と前置格は「みけ」です。対格は「みく」です。「みか」なら美香，美佳，弥香など様々な感じの名前がありますし，「みき」なら美樹，美希，三木など姓にも名にもありますので，注意が必要です。

例えば，「これはミカの教科書です。」は，ロシア語に訳すと，**«Это учебник Мики.»**（エタ・ウチェブニク・ミキ）となりますので，教科書の持ち主がミカなのかミキなのか分かりません。また，「マサオはミカを愛しています。」は，**«Масао любит Мику.»**（マサオ・リュビト・ミク）となりますので，マサオが愛しているのはミカなのかミクなのか，注意が必要です。

特に Мика の与格形と前置格形 Мике は，人の名前というより猫の名前です。「昨日，ミカに牛乳を買ってきたんだよ。あの子，体調を悪くしてね。」の意味でロシア人が，«Вчера я купил молоко Мике. Она заболела.»（フチラ・ヤ・クピル・マラコ・ミケ。アナ・ザバリェラ）と話しているのを聞いて，《あぁ，この人は猫と暮らしているんだ》と誤解することのないように注意が必要だということです。

このように，ロシア語では，名詞類が形を変えることによって文の中での役割を示すことになっています。そのための役割を示すのが格というものですから，格変化のパターンを身に付けることがロシア語を習得する上でとても大切であるということが分かるでしょう。このことはまた，固有名詞も形を変えるので，人の名前や町の名前を覚えるときには，本来の綴り（単数主格の形）をしっかり覚えておく必要があるということを示しています。

おわりに

本日の講義は，次の内容を取り上げました。

ロシアのマスコットとその背景
マスコットの示す世界
ロシア語における名詞類の格
格変化

ロシアで国民的に愛されているマスコットキャラクターは，1960 年代に始まったテレビ番組のキャラクターであったり，1980 年のオリンピックに向けて用意されたキャラクターであったりしますが，その背景には，森の中で文化をはぐくんできたロシア社会の伝統があります。

ロシア語の名詞類には性と数に加えて，格があります。これは，日本語の「てにをは」と同じように，文の中での役割を示すものです。日本語と違い，単語自体が形を変えるので，覚えるのに手間と時間が必要ですが，慣れてしまうと，日本語の語順で話しても意味が通じるので，日本人には便利です。一方，固有名詞も形を変えるので，注意が必要な場合があります。

以上

講義VI　サモワールとお茶の文化・ロシア語の語順

本講義の内容

お茶の楽しみとサモワール
ロシア人とお茶の文化
サモワールの歴史
ロシア語の語順

ロシアのサモワール

お茶の楽しみとサモワール

ロシアの諺に，「茶を飲めば憂いを忘れる Выпей чайку, забудешь тоску.」というものがあります。また，「茶を飲むことは長く生きること Чай пить – долго жить.」というものがあります。お茶を嗜むことは，人生をよりよくするための知恵のひとつなのでしょう。さらに，「茶で息を詰まらせた者はルーシ*にいない Чаем на Руси никто не подавился.」という諺が伝えるように，お茶はロシアで長い間，生活を和らげる素敵なアイテムであるということが分かります。

＊「ルーシ」は，ロシアの古名。講義Ⅰを参照。

また，ロシアの絵画作品にはお茶を楽しむシーンが描かれたものがあります。

例えば，家庭の団欒のイメージを描いた，とある絵画作品の中では，おじいさんとお母さん，お父さんと子どもたちの三世代がひとつテーブルを囲んで座っていて，お母さんがいままさにお茶をカップに注いでいます。普通の家庭の食卓の風景にも見えますが，一点，日本の家庭には見られないものがテーブルの上にあります。それは，どの食器よりも大きな，花瓶のような形をした金属製の器具がお母さんの目の前に置かれているということです。

この器具は，お茶を楽しんでいる様子を描いた他の作品の中にも登場します。

例えば，髪型から服装までをオシャレに着飾ったご婦人方がテーブルを囲んで，お茶とおしゃべりを楽しんでいる様子を描いた絵画作品の中にも描かれ，やはり綺麗に着飾った若い女性が一人でお茶を楽しんでいる作品の中にも描かれています。つまり，これは，ティーポットやティーカップと並び，ロシアでお茶を楽しむために必要な器具でした。だからでしょう，誰もいない部屋を描いた作品でも，そのテーブルの上に似た器具があり，全体の色調と共にくつろいだ雰囲気を伝えています。

それらの作品に描かれた器具は，よく見ると，花瓶のようにも，大きなティーポットのようにも，さらには大きな鍋に蛇口が付いているようにも見えます。また，金属の表面がそのままになっているものもあれば，美しく装飾されているものもあります。ティーポットやティーカップと同様に様々なデザイン，バリエーションに富んだアイテムであることが分かります。

この器具をサモワール самовар と呼びます。サモワールはロシア人にとっての家庭のくつろぎの象徴です。日本でいう，「こたつにミカン」といった感じでしょうか。

サモワールという言葉は，サモ само とワール вар からなっています。サモというのはサーム сам（自分で），ワールはワリーチ варить（沸かす）という言葉とかかわりがあります。サモワールはいわば，「自動湯沸かし器」といったニュアンスをもった言葉です。その真ん中には，縦状に筒状の軸があり，そこに木の実や木の枝などを入れて火を付けることができるようになっています。

筒状の軸の周りは水が入る器になっており，蛇口が付いています。筒状の軸の中の火の熱で器の水が熱せられて湯が沸くというシステムです。また，筒状の軸の上は，ティーポットを置く台の形になっていて，ティーポットを置いておくことによって，温かいお茶が保たれます。

ティーポットで濃い目にお茶を入れ，それをカップに注ぎ，各自好みの濃さになるまでお湯を追加してお茶を飲みます。お茶には，砂糖やミルク，レモンを入れたり，ジャムやハチミツを添えたりして，準備します。お茶を飲むときは，ジャムやハチミツを舐め，舐めてはお茶を飲む，ということを楽しみます。

ロシア人とお茶の文化

ロシア人のお茶の文化を紹介する時，しばしば17世紀に中国から入ってきた話から始めることがあります。しかし，そこでいうお茶は長い間中国からの輸入品であり，高級品でした。これに対して，庶民が飲んだお茶のことをイワン・チャイ Иван-чай といいます。

イワンは，ロシア人によくある男性名のひとつで，「イワンの子ら」を意味するイワノフ Иванов がロシアでもっとよくある姓のひとつであることは，講義Ⅳで取り上げました。ですから，日本でいえば，昔からもっともよくある名前，例えば，「太郎」といった感覚でしょうか。そうだとすると，イワン・チャイは，日本でいえば，「太郎茶」といった響きを持っているということになります。

では，庶民が家族や友人，客人と一緒に楽しむイワン・チャイは，どのようなお茶でしょうか。

これは今でいうハーブティー（ヤナギラン茶）です。庶民が庭や森で採った花や葉を干して発酵させ，そして煎れたお茶を，イワン・チャイといったのです。ハーブティーといえば，ノンカフェインで小さな子どもも飲むことができ，身体によい成分を色々と含んでいることも知られています。

このことを考えると，ハーブティー，わけても北半球に広く根強く育つハーブ（ヤナギラン）のお茶に「イワン・チャイ」の名を与えたことも何か意味深い響きを感じます。それというのも，イワンという名前は，ヘブライ名のヨハネに由来するからです。ヨハネというヘブライ名が「神は恵み深い」を意味する言葉であることは，講義Ⅳで紹介しました。

このようにロシアの伝統的な暮らしの中には，森の中で続けられた生活に根をもつため，現代の都市生活に慣れた日本人のセンスからすると，少し感覚の違うものがあります。同様に，現代文明の中で暮らしを営む人からすると時に違和感を覚えるロシア文化としては，フリェプ・ソーリ Хлеб-соль（パンと塩）が挙げられるかと思います。これは，最近はオリンピックなどの国際的な式典でパフォーマンスとして報道されることもあるので，テレビの映像で見たことのある人もいるかと思います。

丸いパンの上に塩を入れた小鉢を置いたもので，おもてなしの象徴として振る舞われるもの――それをフリェプ・ソーリといいます。ただのパンと塩だけで「おもてなし」になるというと違和感を覚える人もいるようですが，そもそも，パンを焼くために必要な材料と燃料を考えれば，それがどれだけ特別なものか分かるかと思います。

現代社会では，スーパーに行けば小麦粉が売っています。キッチンのコンロでボタンを押せば火が付きますし，一人暮らしの家庭にも電子レンジやオーブンが置いてあります。しかし，キャンプなどで川辺へ行き，マッチもコンロもないところで火をつけることの難しさを知っている人は，何かを焼くということがいかに大変か，よく分かると思います。

同様に，海のない土地で，塩を手に入れるために必要なものをすべて自力で揃えようとすることがどれだけ大変かは容易にわかると思います。パンは，数日経てば硬くなります。客人を迎え入れるときに，フワフワのまだ温かいパンを用意するということは，その人のための特別に燃料を使い，時間を使い，労力を使った――迎え入れる人たちにとって客人が特別な存在であることを示す――ということなのです。

サモワールの歴史

先ほど，イワン・チャイという言葉を紹介しました。お茶を指し示す言葉は，日本語でもチャという響きを持っていますが，ロシア語でもチャという響きを持っています。ロシアにチャが現れたのは1638年のこと，モンゴルのハンからの献上品としてロシア皇帝の下に届けられた時のことでした。

当時，ロシアは東方へ領土を拡大していて，モンゴルの諸民族，また中国の諸民族との交流が始まっていました。1689年に中国との間でネルチンスク条約が結ばれ，中国との国交が始まります。すると，お茶は中国から輸入されるようになり，ロシアでお茶の文化が広がり始めます。

その後，19世紀末までに，ロシア国内でもお茶が栽培されるようになりました。

ただ，それらの地域について当時の資料では，「南ロシア」と書かれていることもあり注意が必要です。当時の南ロシアは現在では独立国家となった地域も含みます。グルジア，アルメニア，アゼルバイジャンなどです。いま，グルジアはジョージアと呼ばれ，ロシアではありません。アルメニアもアゼルバイジャンもロシアとは別の独立国家です。

話を戻します。

このように，お茶は，17世紀後半に輸入が始まり19世紀末までに（当時の）ロシア国内で栽培されることになりました。このお茶を楽しむロシア人の間で開発されたのが，サモワールという器具です。

ただ，サモワールの歴史については，誤解も広まっています。

例えば，ロシアには，ピョートル一世がサモワールをオランダから持ち込んだという説があります。ピョートル一世は，以前の講義でも紹介しましたが，ロシアに様々な外国の文化文物を持ち込んだことで，ロシアに大きな影響をもたらしました。しかし，サモワールについては事実ではなく，ピョートルの死後 15 年ほど後に，ウラル山脈地方で開発され，製造が始まりました。

ロシアではまた，サモワールがトゥーラ（Тула）で作られ始めたといわれることがあります。確かにトゥーラはサモワールの製造で有名な町であり，「自分のサモワールをもってトゥーラへ（В Тулу со своим самоваром）」という諺があるほどです（「釈迦に説法」のような意味）。しかし，サモワールが開発されたのは，トゥーラでではなく，ペルミ近くのスクスン（Суксун）でのことでした（1740 年）。開発したのは，スクスンを所領としていた貴族の奴隷でした。奴隷が自分の仕える貴族のために開発した器具がサモワールだったというわけです。

奴隷がそれまで存在しなかった器具を開発したと聞くと，疑問に思う人がいるかもしれません。しかし，貴族の暮らしを支えるために，奴隷は様々な知識と技術を習得していました。そして，その中に金属加工や熱処理に関する知識と技術も含まれていたのです。

スクスンでサモワールが開発されてから 6 年後，トゥーラでもサモワールが作られるようになりました。とはいえ，トゥーラがサモワールで有名になるのは，それからさらに後のことです。

当時，トゥーラの町に銅細工の工房をもっていた職人がいました。彼は兵器工場で働いた経験があり，銅細工の技術を持っていたので，自分のための工房を設けたのです。すると，その工房で働く息子たちは，その技術をサモワールの作成に活かし始めました。若い世代のアレンジしたサモワールは評判がよかったのでしょう。やはり同じ技術をもつ職人たちが，そのサモワールの評判を聞きつけてはサモワールの作成を始めるようになり，1808 年には 8 つの工房が，1850 年までには 28 のサモワール工場がトゥーラにできるほどになりました。

こうして，トゥーラの町はサモワール製造で有名になったのです。

もともと，技術をもった奴隷が自分の主人のためにサモワールを開発しました。それをやはり技術をもった職人たちがアレンジして売り出したところ，国中に広まったという話です。イノベーションというものが，どのようにして始まるかということを考えるうえで興味深いサンプルです。

このように，今では国の民芸品としてよく知られる品々には，それぞれの歴史があります。同じように，ロシアを代表する民芸品として，バラライカやマトリョーシカがありますが，この二つについてはまた別に機会があればお話しすることにします。

ロシア語の語順

以前の講義でロシア語の語順が柔軟であるとお話しました。ロシア語では，普通の語順（主語・動詞・目的語の順）の文と，主語が文末に立つ文を，ただ語順を入れ替えるだけで作れるのです。それが可能なのは，名詞類に格変化があるからだ，ということも以前の講義でお話しました。本日は以下，そのことを語順の観点から掘り下げていくことにします。

最初の例です。

Саша пьёт чай. （主語＋動詞＋目的語）	サーシャはお茶を飲んでいます。
Чай пьёт Саша. （目的語＋動詞＋主語）	お茶を飲んでいるのはサーシャです。

上の2文は，主語と目的語の位置が入れ替わっていますが，個々の単語の形が変わっていないので，文の意味は同じです。実際，どちらの文からもお茶を飲んでいる人物がいるというイメージが伝わってきます。ただ，そのニュアンスには違いがあります。このことを次の疑問文と照らし合わせて考えます。

疑問詞はロシア語ではふつう文頭に立ちます。ですから，疑問詞のある疑問文は，基本的に次の語順になります。

Что пьёт Саша? （目的語＋動詞＋主語）	サーシャは何を飲んでいますか。
Кто пьёт чай? （主語＋動詞＋目的語）	誰がお茶を飲んでいますか。

日本語では，疑問詞を文頭に置くという決まりがある訳ではないので，「サーシャは何を飲んでいますか。」という文もふつうです。これに対する答えが，「サーシャはお茶を飲んでいます。」です。疑問文と答えの文が同じ語順になっています。

もし，上の疑問文を「サーシャが飲んでいるのは何ですか。」と訳すなら，その答えは，「サーシャが飲んでいるのはお茶です。」という訳になります。これに対して，「誰がお茶を飲んでいますか。」という質問の文に対する答えは，「サーシャがお茶を飲んでいます。」となります。今回の疑問文を「お茶を飲んでいるのは誰ですか。」と訳すなら，答えは「お茶を飲んでいるのはサーシャです。」となります。やはり質問の文と答えの文では語順が同じです。

このように見ていくと，ロシア語は，語順が柔軟ですが，質問された事柄を答えるときのように，コミュニケーションの文脈に合わせて，話し手と聞き手の双方がすでに知っている，もしくは共有している情報を先に示し，新たに追加すべき，注目されたい情報を文末または文末に近いところに置く傾向にあるということが分かります。ロシア語の文の語順は柔軟ですが，語順の違いにはこういったニュアンスの違いがあるのです。

このことを他の例でも確認しましょう。次も，主語が文末に立つ文です。

У Саши есть самовар.
サーシャのところにはサモワールがあります

В Москве есть Кремль.
モスクワにはクレムリンがあります。

このような文が成立するのは，疑問詞にも格があるからです。それを主格・生格・与格・対格・造格・前置格の順で見ると次のようになります。「誰」は，**кто – кого – кому – кого – кем – ком** となります。「何」は，**что – чего – чему – что – чем – чём** となります。「どこそこに」は<前置詞 **в/на**>＋<前置格>で表し，「だれそれのところに」は<前置詞 **у**>＋<生格>で表します。つまり，上の“**У Саши**”は“**Саша**”の生格，“**В**

Москве”は“**Москва**”の前置格を用いた表現です。なお，**есть**は「ある；いる」を表す動詞の現在形です。省略することもできます。

以上の話を再び疑問文と答えの関係で確認します。

Что в Москве? 主格　前置格	何がモスクワにありますか。

上の疑問文は〈主格〉－〈前置格〉の順であり，その答えは次の通り，〈前置格〉－〈主格〉の順に入れ替わりますが，もちろん，疑問文と同じ語順でいうこともできます。しかし，どちらが質問の意に沿った答えであるかは明らかです。

В Москве есть Кремль. 前置格　主格	モスクワにはクレムリンがあります。
Кремль есть в Москве. 主格　前置格	クレムリンはモスクワにあります。

次の例です。

Где Кремль? 主格	クレムリンはどこにありますか。

上の疑問文は〈場所をたずねる疑問詞〉－〈主格〉の順であり，その答えは次の通り，〈主格〉－〈前置格（場所を表す表現)〉の順になっています。下の例で，**Кремль** を３人称の人称代名詞 **он** で受けているのは，**Кремль** が男性名詞だからで

す。

Он в Москве.　　それはモスクワにあります。
主格　前置格

次の例です。

今度は人物を使った形を見ていきます。

Что у Саши?　　何がサーシャのところにありますか。
主格　生格

疑問文は＜主格＞－＜生格＞の順であり，その答えは次の通り，＜生格＞－＜主格＞の順に入れ替わっています。場所を表す表現は，「だれそれのところに」という場合，前置詞 у と人物を表す語句の生格を使います。

У Саши есть самовар.　　サーシャのところにはサモワールがあります。
生格　主格

次の例です。

Где самовар?　　サモワールはどこにありますか。
主格

疑問文は＜場所をたずねる疑問詞＞－＜主格＞の順であり，その答えは次の通り，＜主格＞－＜生格（場所を表す表現）＞の順になっています。

Он у Саши. 主格　　生格	それはサーシャのところにあります。

以上の例が示している通り，ロシア語は語順が柔軟です。ただ，それは「何でもあり」という意味ではなく，コミュニケーションの文脈に合わせて調整されます。今日はそのことを中心として，語順が柔軟なのは，名詞類に格があるからだということも説明しました。名詞類に格があるということは，前回の講義で説明しました。

おわりに

本日の講義は，次の内容を取り上げました。

お茶の楽しみとサモワール
ロシア人とお茶の文化
サモワールの歴史
ロシア語の語順

ロシアのサモワールは，東アジアからお茶の文化が入ってきた後に，お茶を楽しむアイテムとして開発され，広まりました。サモワールの歴史は，文明社会におけるイノベーションの例としても興味深い特徴を持っています。

ロシア語の語順は柔軟です。つまり，主語を文頭に置くことも，文末に置くこともできるのです。ただ，それができるようになるためには，名詞類の格変化と疑問詞の用法を習得する必要があります。

以上

講義Ⅶ　ダーチャと休みの過ごし方・動詞の変化

本講義の内容

ダーチャとは
ダーチャ小史
ダーチャと休みの過ごし方
動詞のはなし・第１変化と第２変化・過去形

ロシアのダーチャ

ダーチャとは

いまはインターネットサイトで色々なものについて検索することができます。そこで,「ダーチャ」と入力して検索すると,色々な写真や画像を見ることができます。

色々な写真といえば,例えば,バーベキューの様子であったり,畑で野菜を収穫するご婦人の姿であったり,パラソルの下で家族や友人がくつろいでいる様子であったり,庭に大きなテーブルを置いて,家族でそれを囲んでいる様子であったりします。

このように,「ダーチャ」という言葉は,様々なイメージと結びついていますが,ひとつの共通点があります。それは緑に囲まれた環境であるということです。

この授業では,ロシアが森の国であるということを何度か紹介しています。ダーチャ(дача)もまた,森の国ロシアの社会に根差した文化であるというわけです。ダーチャは,都市生活者にとってのセカンドハウスとして知られています。郊外に建てられた家庭菜園付きの木造家屋であるダーチャに,都市生活者のロシア人は週末や長期休暇になると出かけ,その家屋の手入れや菜園の手入れにいそしみ,アウトドアを楽しむのです。

ロシアでバーベキューといえば,「シャシルィク(шашлык)」と呼ばれるメニューがあります。マトンや牛肉などをトマトベースや赤ワインのソースで煮込み,串に刺して焼き上げるメニューです。観光地の屋台でも食べることができます。ソースに独特の風味があり,好みが人によって分かれますが,トマト嫌い,マトン嫌いの人でなければ,一度食べてみることをオススメします。

また,日本でセカンドハウスというと,「別荘」という言葉があって，<贅沢>なイメージを伴っていると思います。つまり，別荘を持っているのは裕福な家庭の人，と思われるのではないでしょうか。

では，ロシアでは，どのくらいの人が，ダーチャ暮らしを楽しんでいるのでしょうか。2011 年のデータは，次のことを示しています。まず，大都市生活者の 48%がダーチャを所有していました。また，ロシア全土でみると，国民の 60%がダーチャを所有していた計算になります。興味深いのは，ダーチャを所有している人々の 81%がダーチャの菜園で家族用の食料を作っており，23%がダーチャを休息の場と考えているということです。

どうしてロシアではそれほど多くの人がセカンドハウスをもっているのでしょうか。次にダーチャの歴史を簡単に振り返ることにします。

ダーチャ小史

ダーチャは，ピョートル 1 世が家臣に与えた屋敷ウサーヂバ（усадьба）に由来します。つまり，皇帝から下賜された屋敷をダーチャと呼んだわけです。この呼び名は，「与える」を意味する動詞ダーチ（дать）に由来します。

ピョートル I 世は，ロシアに多大な変化をもたらしたことで知られる皇帝で，「ピョートル大帝（Пётр Великий）」とも呼ばれます。彼がもたらした変化のひとつに官僚貴族という制度と考え方があります。官僚貴族は世襲貴族とは違います。世襲貴族は，先祖が貴族であったことから，その所領と財産を相続することで貴族であり続ける一族です。ロシアには古来，世襲貴族がいました。彼らは何をしてもしなくても，先祖から受け継いだ財産と特権を守られました。そこで，ピョートル 1

世は，国家に対して一定の寄与をした人物に与えられる貴族の身分を制度として設けたのです。これを官僚貴族と呼び，世襲貴族と区別します。世襲貴族と異なり，官僚貴族の身分は一代限りで，相続されません。

こういうかたちで貴族の身分になった官僚貴族に与えられた屋敷がダーチャのはじまりでした。ですから，18 世紀と 19 世紀には，ダーチャは官僚貴族のものでした。これが，ロシアでも資本主義が発達した 19 世紀末になると，所得に応じて，市民にも与えられるようになりました。市民の中にも，ビジネスに成功して，ロシアに大きく貢献する人が現れるようになっていたのです。

ビジネスに成功して，ロシアに大きく貢献した人物の一人にパーヴェル・ミハイロヴィチ・トレチャコフという人がいます。彼は，自分のビジネスで成功すると，その資金をロシア人画家の作品を収集するために使いました。トレチャコフが買い集めた絵画コレクションは，後にその屋敷と共にモスクワ市に寄贈されました。それが現在，モスクワのみならずロシアを代表する美術館のひとつ，トレチャコフ美術館のはじまりです。

また，この時代のダーチャのことで興味深いことがあります。それは，ガスや水道，電気がないというのはもちろんのこと，警護兵もいませんでした。柵や堀もありませんでした。なぜならば，ダーチャは，ロシアに貢献した人々にとって，憩いの場であるからです。柵も堀も警備兵も，そういった無粋なものは憩いの汀に伴われることはないのです。

これが，ロシア革命から 10 年以上経った 1930 年代に入る頃には，ホワイトカラーにもブルーカラーにもダーチャが与えられるようになりました。それは，園芸のためでありましたが，長期休暇には，家族全員で滞在するためでもありました。
ダーチャは，その後，ソ連市民の間で急速に普及していきました。それは，第二次世界大戦後のフルシチョフの時代のことです。フルシチョフは，スターリンの後を襲い，ソ連の最高指導者になりましたが，就任早々，スターリン批判を行ないました。スターリンの独裁主義を改め，「雪解け」と呼ばれる時代が始まりました。政治的には自由が求められ，自由が拡大した時代でしたが，実際には，戦後の食糧難の時代でもありました。この時代に多くの人が週末ごとにダーチャへ出かけ，家庭用のジャガイモやベリー類などの野菜，果物を作ったのでした。
ダーチャで家庭用の食料を確保するという考えと習慣は，ソ連解体後の経済危機の時代に多くのロシア人の暮らしを支えることになりました。この習慣は今でも続き，インターネットの検索サイトで，「ダーチャで人々は何をしていますか（Что делают на даче?）」と調べると，動詞では「休む（отдыхать）」をトップとして，「作業する」「（根菜類などを）掘る」「植える」「耕す」などの動詞がヒットしますし，名詞では，先に紹介したシャシルィクがトップでヒットします。

ダーチャと休みの過ごし方

このように，ダーチャはいまも主として休息のために活用されています。ロシア語で「休息」は，オードゥィフ（отдых）といいます。「呼吸」のことをドゥィハァニェ（дыхание）といいます。単語の中のドゥィフ（дых）という部分が共通していますが，よく似た響きの言葉にドゥフ（дух）があります。ドゥフは，日本語の「精神」「心」に対応する言葉です。呼吸と心がつながっているという考え方は，西洋では古く，ユダヤ教の聖書にも出てきます。

日本語の「休息」という漢字も面白いですね。「休」という字は，「木」の横に「人」がひとりいるという形をしています。人と人が密な場で騒いでいると互いに休めない，というのは分かり切ったことです。「息」という字は，「心」の上に「自」が乗っています。人が普通に立っていたり座っていたりすると，その人の鼻は心臓の上にあるものです。息という字はまるで，息をきちんとしている人は，自分がきちんと心の上にいるということを表しているかのようです。「休息」が，「心」と関連のある言葉だということが分かります。

休息については，少し説明が必要かもしれません。日本人には，休息についての理解が十分ではないと思わせる問題があるからです。それは「過労死」という日本語が国際語になったことです（英 karoshi，露 кароси）。ロシア語で過労死は，「疲労困憊が原因の死 смерть от переутомления」「超過勤務が原因の死 смерть от сверхурочной работы」「死に至るまで働き詰めること перетрудиться до смерти」と説明されます。

このような日本語が国際語になっているということは，日本では労働と休息の関係について理解がよく浸透していないことを物語っています。インターネットの検索サイトで「休息の取り方」で検索すると，368 万件ものサイトがヒットします（2020 年 7 月 2 日現在）。休みの取り方に関する本も本屋の棚によくあります。

人だけでなく，動物一般も，生きるために必要な糧を得るための活動，すなわち労働をします。労働をして疲労した場合，疲労が緩和し，身体の状態が回復するまで身体を休ませます。動物であれば，食料を得るために労働し，食料を得られれば，それを食べてエネルギーを補給して休息し，食料を得られなければ，エネルギーを温存するためにもやはり休息して，次の機会を待ちます。休息して身体が回復したら，再び労働します。

労働と休息――この繰り返しが動物の暮らしの基本にあります。人間も動物の一種ですから，暮らしの基本的な構図は変わりません。幼い子供が自分で食料を得るための労働ができない間は，親がその分の食料を得るために労働するという点も，人間も動物も同じです。何か物事がうまく進まない場合に気分転換するという点も，人間も動物も同じです。

ただ，人間は，気分転換というものを発達させました。

気分転換のための活動を趣味や遊びといいます。趣味・遊びには，ゲームや食事，カラオケ，会話，運動，釣り，音楽や映画鑑賞，テレビ，読書，入浴など，労働以外の多様な活動が含まれています。人は，趣味をもつことによって，生まれ持った肉体的な個性を離れて，知的な・文化的な個性というものを手に入れ，また個性の幅を広げるようになりました。そして，趣味や遊びによって，「満足」という新しい心理状態を得て，労働を含めた暮らし全体をよりよくすることができるようになったのです。

この過程を理解すると，ロシア人が長い休暇を取り，ダーチャに行く理由がよりよく分かると思います。つまり，ロシア人は，疲労を緩和させ，身体を回復させるために，休息のための時間（休暇）を確保して，ダーチャへ向かうのです。

ところが，この過程をよく理解していない人がいます。彼らは，休息と気分転換を混同しています。つまり，労働が終わると，休息を取るのではなく，気分転換を始めるのです。そうすると，気分は転換されますが，身体の疲労が緩和されることはなく，その状態でまた労働に移ることになります。疲労が残ったまま，労働を始めるため，労働の内容にも不満が生まれ，さらに気分転換を求めるようになります。

疲労が残ったまま趣味や労働に取り組むと，本来得られるべき満足が得られません。そのため，さらに強い刺激を気分転換のために求めるようになります。残念なことに，現代社会には，こうした強い刺激を与えてくれるものがたくさんあります。だから，上述の回復の過程を知らない人が，疲労をためた結果として，主体的に取り組める趣味より受動的に刺激を与えてくれる趣味や嗜好品を好むようになり，人工的に作られた刺激に依存するようになると，依存症への一歩が始まります。依存の対象が仕事になると，いわゆる仕事中毒になります。そしてこうした負のスパイラルの果てに過労死を含めた様々な不幸があります。

実際，大学で講義をしていると，学生の皆さんの中で，講義中に居眠りしている人がいるのを目にします。そして，そういう人は，講義が終わるとすぐにスマホを取り出して，操作を始めます。居眠りしているときにも，スマホを手放さない人もいます。

大学のカリキュラムは，授業中は授業内容に集中して，休み時間に休みを取るようにできています。ところが，授業中に居眠りする人は，休み時間に休むことなくエネルギーを消費して，その分の休みを授業中にとろうとしているようです。ただ，教室で居眠りしても，ゆっくりと休みを取れるわけではなく，休みも中途半端になってしまいます。

学生の皆さんは，今は若いので身体がもっているかもしれません。ただ，学業に悪影響を及ぼしている人もいることと思います。学業に専念したいのにできないという人がいたら，休み時間になるとすぐに連絡を寄こすような友達とは距離を置いた方が良いかもしれません。

また，授業が終わったらすぐに荷物をまとめて席を立つのではなく，荷物をまとめたら1〜2分，息を整えてから席を立つという習慣を取り入れたらよいかもしれません。その後，教室などを移動するときには，周りの景色に目を向けて気分転換をするのもよいのではないでしょうか。

毎週，同じ曜日の同じ時間帯に周囲を見て歩くと，その変化にも気が付くようになります。さらに，その変化を言葉にしてみるのも良い気分転換になります。皆さんは，空の色，風の音や香の違いを表す言葉をどのくらい知っていますか。自分の知っていることと知らないことを確認しながら過ごすときも，楽しいひとときになります。

動詞のはなし・第1変化と第2変化・過去形

今日の後半では，動詞は形を変えるという話をします。

皆さんもご存知の通り，日本語の動詞は，形を変えます。例えば，「読む」という動詞は，現在の行為を表すときの形が「読む」ですが，過去を表すときは「読んだ」と形を変え，否定するときは「読まない」，命令するときは「読め」のように形を変えます。また，「食べる」という動詞は，過去を表すときは「食べた」となり，否定するときは「食べない」，命令するときは「食べろ」となります。

このような変化については，いくらでも例が挙げられるでしょう。英語でも動詞は形を変えます。例えば，「読む」に相当する read は，過去形で read，命令形で read と形は変わりませんが（過去形では読み方が変わりますね），これは例外であり，「食べる」に相当する eat は，過去形で ate，命令形で eat です。

ロシア語の動詞については，まず，「不定形」という言葉を紹介します。ロシア語では，「動詞の原形」という言い方をしません。辞書に見出し語として掲載される形を「不定形」といいます。

不定形とは，動詞に「**ть**」または「**ти**」または「**чь**」がある形で，もっとも多くの動詞では「**ть**」です。英語で「不定詞」という言葉がありますが，それは「**to**＋動詞の原形」を表します。英語の不定詞にある「**to**」と同じ役割を示すのが，「**ть**」または「**ти**」または「**чь**」の部分です。

英語の不定詞は，名詞的に（「〇〇すること」の意味で）用いられたり，形容詞的に（「〇〇するための」の意味で）用いられたり，副詞的に（「〇〇するために」の意味で）用いられたりします。ロシア語の動詞もこれと同様に，不定形の時には，名詞的，形容詞的，副詞的に用いられます。

不定形を現在形にする時には，不定形を変形させます。不定形を現在形にする場合の変形のパターンは主に 2 種類あり，第 1 変化と第 2 変化に分けられます。

第 1 変化は，2ステップからなります。まず，不定形から「**ть**」を取ります。次に，主語の人称と数に応じて，次の語尾を取ります。すなわち，単数の 1 人称から単数の 2 人称，単数の 3 人称，複数の 1 人称，複数の 2 人称，複数の 3 人称の順に，「**-ю**」「**-ешь**」「**-ет**」「**-ем**」「**-ете**」「**-ют**」です。不定形を現在形にする時に，このパターンの変化をする動詞を第 1 変化動詞といいます。

	1 人称	2 人称	3 人称
単数	**-ю**	**-ешь**	**-ет**
複数	**-ем**	**-ете**	**-ют**

第２変化は，不定形から「**ть**」とその前の母音を取り，主語の人称と数に応じて，次の語尾を取ります。すなわち，単数の1人称から単数の2人称，単数の3人称，複数の1人称，複数の2人称，複数の3人称の順に，「**-ю**」「**-ишь**」「**-ит**」「**-им**」「**-ите**」「**-ят**」です。現在形で，このパターンの変化をする動詞を第２変化動詞といいます。

	1人称	2人称	3人称
単数	**-ю**	**-ишь**	**-ит**
複数	**-им**	**-ите**	**-ят**

また，不定形を過去形にする時には，不定形から「**ть**」を除き，主語の性と数に応じて次の語尾を取ります。すなわち，単数男性，単数女性，単数中性，複数の順に，「**-л**」「**-ла**」「**-ло**」「**-ли**」です。

	男性	女性	中性
単数	**-л**	**-ла**	**-ло**
複数		**-ли**	

以上に紹介した語尾を付けた形を，「**гулять** 散歩する」を第1変化動詞の例として，「**говорить** 話す」を第２変化動詞の例として，以下に見ていきます（下線部が語尾）。

「私は散歩しています。」は「**Я гуля<u>ю</u>.**」となります。最初のひと文字を大文字で書き，最後に点「.」を打つことにより，文の形になります。また，ロシア語に進行形はなく，現在進行中の行為・動作を表現するときは，現在形を使います。

「ニーナは散歩しています。」は「Нина гуля**ет**.」と，動詞の語尾が単数3人称のものに替わります。「ニーナは散歩しました。」と過去形にするなら，「Нина гуля**ла**.」となります。
こうした例を下にいくつか並べます。主語と語尾の関係を確認しましょう。

私は散歩しています。	**Я гуля<u>ю</u>.**
私は話しています。	**Я говор<u>ю</u>.**
ニーナは散歩した。	**Нина гуля<u>ла</u>.**
アンドレイは話した。	**Андрей говори<u>л</u>.**
イワンとマリヤは散歩した。	**Иван и Мария гуля<u>ли</u>.**

ロシア語の動詞はこのように，現在形と過去形とで変化をします。変化する前の，辞書の見出し語として登録されている形を不定形と呼ぶ，ということは繰り返し確認しておきましょう。
今日は，動詞の基本的な現在形と過去形を紹介しました。

おわりに

本日の講義は，次の内容を取り上げました。

ダーチャとは
ダーチャ小史
ダーチャと休みの過ごし方
動詞の第1変化と第2変化・過去形

ロシアのダーチャは，帝政時代に始まり，ソ連時代に一般市民に普及しました。市民の間でダーチャは，家庭の憩いの場であるとともに家庭菜園として食料供給の重要な場でもありました。

ロシア語の動詞は，辞書に見出し語として掲載されている形を不定形と呼びます。不定形を現在形や過去形にする時には，形を変えます。現在形には第 1 変化と第 2 変化の 2 種類があり，それぞれ主語の人称と数に応じて語尾が異なります。

以上

講義Ⅷ　キノコと森の文化と無人称文

本講義の内容

ロシアの晩夏とペチカのある暮らし
ロシアの代表的メニュー・1
食文化はだれのもの？
ロシアの代表的メニュー・2
無人称文

ペチカ

ボルシチとピロシキ

ロシアの晩夏とペチカのある暮らし

ロシアでは夏は短く，貴重なものです。そして夏が終わるころ，ロシアの人々は森へ向かいます。彼らは森の中でキノコ грибы を集めて冬の支度を始めます。昔はキノコが厳しい冬を乗り切るために不可欠な食材でした。

今では，キノコを集めるためにみんなで森へ行くことが，ハイキングを兼ねた娯楽のひとつとして定着しています。家族で出かけたり，カップルで出かけたり，兄弟で出かけたりして，「あのキノコはおいしそうだね」「あのキノコは食べられるのかな」と話しながら，キノコ狩りを楽しみます。

ロシアの都モスクワでは，8 月下旬になると，気温が摂氏 15 度を下回る日が出てきます。15 度といえば，日本の東京では 11 月中旬の気温です。夏の終わり，すなわち晩夏というより，すでに晩秋です。

日本には春夏秋冬の四季があります。もちろんロシアにもあります。ただ，そのバランスに違いがあります。日本では，春が 3 月から 5 月まで，夏が 6 月から 8 月まで，秋が 9 月から 11 月まで，冬が 12 月から 2 月までと 3 か月ずつあります。

ロシアでも四季は同じように分けられます。ただ，一年のうち，11 月中旬から 3 月中旬までは気温が氷点下まで下がります。そう考えると，東京の感覚でいうと，モスクワでは，5 月と 6 月の 2 か月間が春，7 月と 8 月の 2 か月間が夏，9 月の 1 か月間だけが秋で，そのあとは 10 月から 4 月までの 7 か月間が冬に相当します。しかも，その間，1 月と 2 月には氷点下 6 度から 7 度まで平均気温が下がります。平均気温が氷点下 6 度から 7 度ですから，日によってはもっと寒く，氷点下 20 度や 30 度まで下がることもあるということです。

そんな厳しい長い冬を過ごすロシア人にとって，キノコはとても貴重な食材です。食物繊維，ビタミンD，カリウム，葉酸などのミネラルが豊富に含まれており，カロリーは少ないのに体によい食材のひとつです。キノコはまた森へ行けば誰でも手に入れることができます。

ただし，気をつけておかねばならないことがあります。森に生えているキノコは，どれでも食べてよいというものではありません。身体によいものがあれば，人の体を害するものもあります。以前の講義でもお話しましたが，ロシアは森の国です。どんな大都市に住んでいても，2時間も車を走らせれば，広大な森の中に入ります。

ロシア人の多くがそんな森の中にセカンドハウス――ダーチャ――をもっているという話は，前回の講義でお話した通りです。彼らは，ダーチャで過ごす休暇の間や週末に森へ入り，キノコを集めます。冬が来れば，雪が積もり，キノコも野菜もとれません。ロシア人は，野菜もキノコも酢漬けにしたり，乾物にしたりと丁寧に保存して，冬の間，自分たちが保存したものを食べて過ごしました。ですから，キノコを含め森の恵みに関する知識は，命を繋ぐ知恵でもありました。

酢漬けのキノコは，いわゆるピクルスとして食べることになりますが，干したキノコは調理して食べます。調理は焼くか煮るかすることになりますが，そのための器具としてペチカ（печка）があります。ペチカは，長い冬を過ごすロシア人が，火をつけて得た熱を最大限に利用することができるよう開発した，家の暖房兼ベッド兼調理設備です。レンガまたは粘土で形作り，調理用の窯から，煙突を通して煙を室外に送るまでの経路を調整して，その上に寝台が置けるスペースを設けます。家族に病人や老人がいた場合，優先してその寝台を使って暖かく寝ることができます。

ロシアの代表的メニュー・1

ペチカで調理するメニューの代表に，壺料理（горшочек）があります。まず，壺の中に野菜を敷きます。その上に肉でも魚でもキノコでも色々なものを重ねます。最後にディル（英 dill，ロ укроп）に代表されるハーブを添えて，パン生地で蓋をします。あとは壺をペチカの窯に入れるだけです。

火が強い時間に蓋にしたパン生地が焼けて，その後の火でゆっくり煮込みます。中に入れた材料によって複雑なスープが完成します。中にミルクやチーズを入れると，濃厚なクリームソースを使ったメニューになります。蓋代わりにしたパン生地が焼ければ，香ばしい香りが漂う中で濃厚なスープを楽しむことができます。

壺料理といえば，以前，モスクワで入ったカフェで面白い工夫が見られました。そのカフェは，室内に外の光が入ってこない地下にありました。店内は，テーブルの上に背の低いランプが置いてあるだけの明かりで落ち着いた雰囲気でした。

そのカフェで壺焼きを頼んだところ，ランプより背の高い壺で届きました。ランプの光のほうが低いので，壺の中が真っ暗で何も見えません。そこで，大きなスプーンですくって見ようにも，ランプが低いので，それより低い位置にスプーンを下げようとすると，こぼれてしまいます。ですから，やはりスプーンの中身が見えません。

それでスプーンに何が入っているのか分からないまま，口に運ぶと，中身が分からないまま，口の中に味が広がるので，先入観なしに純粋にスープや具材の味を楽しめました。客に食事を楽しませるために，このような工夫を凝らしているのだと感心したものです。

ロシア料理を代表するメニューのひとつにボルシチ(борщ)があります。ボルシチといえば，真っ赤なスープとして有名です。この色はビーツ（свёкла）の色で，ボルシチはビーツのスープのことです。

ビーツ以外の具材は自由です。肉は，牛でもブタでも鳥でもマトンでもよく，さらには肉を入れても入れなくてもよいのです。野菜も，キャベツやニンジン，タマネギがあっても，なくてもよいというメニューです。上述のハーブを添えても添えなくてもよいのです。日本でみそ汁といえば，ワカメが入っていたり，豆腐が入っていたり，タマネギが入っていたりしますね。具材が自由で，味噌で味付けしたスープをみそ汁といいます。これと同様に，ビーツを基本として味付けしたスープをボルシチといいます。

具材が自由ですから，作る人やお店によって様々なバリエーションがあります。さらに，食べるときには，スメタナ（сметана）という，チーズとヨーグルトの中間のような乳製品を加えます。スメタナを加えると，その周囲でビーツの真っ赤な色にスメタナの白が混ざり，とてもきれいなピンク色に変わります。白が濃い部分はコクがあり，赤が濃い部分はよりさっぱりして，そのバランスも自分の好みに合わせることができます。

ボルシチはこのように，作る人によって様々なバリエーションがあるだけでなく，食べる人の好みによっても，その日の気分によって，色々な味付けを楽しむことができるメニューです。

食文化はだれのもの？

なお，ボルシチについて，ロシアのメニューではなく，ウクライナのメニューだと説明する人もいるようです。ウクライナとロシアは，現在別の国家ですが，ウクライナの中心部とロシアの中心部は8世紀から13世紀までの500年間に国家としてスタートした時に同じ国でした。

現在，ウクライナの領土とされる地域は，古代には何世紀にもわたり，アジアから色々な遊牧民族が通り過ぎては，その地域の集落を破壊するということが繰り返される——そのような地域でした。この地域に，北欧から来た人々が8世紀までに現地の様々な民族を征服して国家を形成しました。現地のスラヴ人はこの人々を「ルーシ」と呼びました。そして，「ルーシ人の土地」「ルーシ人の国」をラテン語読みで「ルーシア」，ギリシア語読みで「ローシア」になるということは，以前の講義でお話した通りです。

ルーシ人の国は，モンゴル帝国によってバラバラにされました。

まず，その中心地のひとつであったキエフの街がモンゴル帝国の侵入の際に抵抗して，破壊されてしまいました。住民は，方々へ逃げ，町は廃墟となりました。すると，西側の隣国であるリトアニアやポーランド，北の隣国スウェーデンもルーシ人の土地を奪おうと侵略を試みるようになりました。

これらの侵略に対して，ルーシ人の国のもうひとつの中心地であったノヴゴロドを中心とした北部地域がこれを撃退し，モンゴル帝国に臣従する形で独立を維持することに成功しました。

他方，ルーシ人の土地の南東部はモンゴル帝国に征服され，南西部はポーランドに征服されました。

このように，ルーシ人の国は，モンゴル帝国の侵攻以後，独立を維持した北部，モンゴル帝国に支配された南東部，ポーランドに支配された南西部に分断されました。

この分断状態は200年続きました。

ルーシ人の国は200年間の分断の後，モスクワによって再統一されました。その時には，かつてのモンゴル帝国の支配地も，そこで暮らす様々な民族と共にモスクワの支配下に含まれるようになっていました。こうして新たにルーシ人の国は，ロシア帝国として再出発したのです。

幸いなことに，モンゴル帝国は支配下の人々の文化や言語に干渉することはありませんでした。ですから，ノヴゴロド（後にモスクワ）を中心とした北部のルーシ人と，モンゴル帝国に支配された南東部のルーシ人は，祖先と同じ暮らし，文化伝統を継承していました。

これに対して，ポーランド王国は，自分たちの領土の人々に同化を強制しました。具体的には、ローマ・カトリックへの改宗を求めたのです。ただ，ポーランド側とルーシ南西部の支配者たちは，言葉や服装などの儀礼様式を変えると，一般の人は嫌がるだろうと考えて、言葉や服装などの儀礼様式はそのままにして，ローマ教皇の権威と権力を認めることをもって，ローマ・カトリックへの改宗としたのです。このためポーランドに征服された地域には，東方典礼カトリック教会という独自のグループが生まれました。こうしてルーシ南西部でポーランド王国に支配された人々は，かつてのルーシ人の文化伝統を残しつつ，ポーランド人の考え方や文化，伝統を取り入れざるをえませんでした。

こうした人々にとって，ポーランドはもちろん，モスクワを中心として復興したロシア帝国は母国とは言いにくく，自分たちの国が欲しいといって独自の政治運動を始める人々が現れました。この政治運動をした人々が自分たちの先祖だと主張しているのが，現在のウクライナを支持する人々です。
現在，ロシアとウクライナは別の国家として存立していますが，上述のように、政治の話は別にして，食文化についていえば，ロシアとウクライナを分けて考えることにあまり意味はありません。確かに，ロシアとウクライナでいえば，ビーツのスープであるボルシチより，ビーツをキャベツに変えたスープであるシチー（щи）のほうが北部に行けば行くほど好まれるといいます。しかしこのことは，日本でいう関東と関西の味の好みの違いのようなものです。
以上の通り，シチーがロシアのスープで，ボルシチがウクライナのスープであるという風に分けてしまってよいとは，一概にはいえません。日本のお好み焼きに「〇〇風」があるように，ボルシチにも「〇〇風ボルシチ」があると考えればよいのでしょう。
話を戻します。

ロシアの代表的メニュー・2

壺料理，ボルシチと並び，ロシアの代表的メニューとして有名なものに，ピロシキ（пирожки）があります。これは，パイ生地の中に色々な具材を入れて焼くピローグ（пирог）というものの小型版です。小型版なので，油を薄く塗って焼いても，なみなみと熱した油の中で揚げてもよく，中には肉を入れても，野菜を入れても，果物を入れてもよいと，様々なバリエーションのあるメニューです。
前回の講義でお話した通り，焼き物・揚げ物をするというのは，大きなエネルギーが必要です。ですから，ピローグやピロシキを焼くというのは，おめでたい席のためということになります。

以上，壺料理，スープ，ピロシキといったメニューを紹介しましたが，共通しているのは，様々な具材を用いて作るというところです。もちろん，本日の講義のテーマであるキノコもその中に含まれています。

また，ロシアの代表的メニューといえば，ブリヌィ（блины）を紹介しないわけにはいきません。ブリヌィは，見た目の点からも素材の点からもフランスのクレープやアメリカのパンケーキと似ているので，「ロシアのクレープ」であるとか，「ロシアのパンケーキ」というかたちで紹介されることがしばしばあります。実際には，クレープより厚く，パンケーキより薄く焼きます。小麦粉で焼くことも，そば粉で焼くこともあります。ロシアでは，その丸い形から太陽の象徴として春のお祭り（масленица）でたくさん食べる習慣があります。

この授業では繰り返し，ロシアは森の文化をもった国であると述べてきました。ロシアが誇る世界最大の国土は，実にその 45%が森です。その広大な森を切り開いて畑を作り生活した土地で，あるいは都市で暮らす人々は休暇をダーチャで憩い，森で採れたものを口にして，最後に森のはずれに埋められる――ロシアの人々の暮らしの基礎には，このような文化があるのです。

無人称文

ロシア語には，無人称文という文があります。無人称文とは「人称の無い文」ということですが，「人称」という言葉については，1人称，2人称，3人称という言い方で知っている人も多いと思います。ロシア語で「人称」はリツォーлицо といい，これは，「人称」のほかに，「顔」や「人格」という意味でも使う言葉です。つまり，「無人称文」は，「顔のない文」「人格のない文」という意味でもあります。
では，「顔のない文」「人格のない文」とはどういうことでしょうか。
例えば，日本語で，「今日は暑いですね。」という文は意味が通ると思います。では，この文はどういう意味でしょうか。「暑い」とはどういう意味でしょうか。このことは，英語でいうと「It is hot today.」となるかと思いますが，ここの「it」は意味のない主語ですね。「Today is hot.」とはなりません。「今日は」は主語ではありません。「今日は暑いですね。」をロシア語に訳すと，「Сегодня жарко.」と，主語の無い文になります。
実は，日本語で「今日は暑いです。」というときの「今日は」は，「ここは暑いです。」や「この部屋は暑いです。」と同じように，時間や場所を表していて，文の主語でも，誰かの人格を表しているわけでもありません。「今日は暑いです。」という文は，「私は学生です。」と似た形をしているので，主語があると思ってしまう人がいますが，主語がある訳ではありません。
ロシア語では，名詞類の格があるなど，語尾を変えるということを繰り返しお話しました。ロシア語の形容詞は，修飾する名詞の性と数と格に応じて語尾を替えます。
例えば，「海は青い。」という場合，「Море син**ее**.」となり，「彼の目は青い。」という場合，「У него глаза син**ие**.」となります（「海 море」は中性名詞，「目 глаз」は男性名詞ですが，ここでは複数形 глаза）。「青い синий」という形容詞はこのように変化します。
また，「イワンは若い。」でしたら，「Иван молод**ой**.」ですが，「ニーナは若い。」でしたら，「Нина молод**ая**.」となります（молодой は男性形，молодая は女性形）。「若い молодой」

という形容詞はこのように変化します。

ロシア語の形容詞は，このように，修飾する名詞の性と数と格に応じて語尾が変化するのです。形容詞の語尾変化について詳しくは，次の講義で説明します。本日は，無人称文の述語に使われる形容詞の語尾が「o」であることを紹介します。

先の例文でいうと，「今日は暑いです。」のロシア語訳「Сегодня жарко.」には，「жарко」という形容詞が使われていますが，語尾は「o」です。これは短語尾中性形の語尾というもので，「Сегодня」を修飾しているわけではありません。このことは，「今日は Сегодня」の部分を「ここは Здесь」に替えると「Здесь жарко.」となり，「ここは暑いですね。」を表しますが，「暑い жарко」は変わらないということからも分かります。

形容詞「жаркий」は「暑い」と「熱い」の両方の日本語に相当する語です。ロシア語の形容詞は，修飾する名詞の性・数・格に応じて変化します。ですから，形容詞「жаркий」は「蒸し風呂 баня」と結びつくと「жарк**ая**」（単数女性主格形）となり，「焚火 костёр」と結びつくと「жарк**ий**」（単数男性主格形）のままです。また，「夏 лето」と結びつくと，「жарк**ое**」（単数中性主格形）に変わります。

「暑い жарко」の例が示している通り，ロシア語の形容詞は，語尾を短語尾中性形の「o」にすることで，無人称文の述語になるものがあります。「暑い жарко」は，形容詞「жаркий」の語尾「ий」を「o」に変えたものですが，最初の文字「ж」を大文字にして後ろに点を打つと，「暑いですね。」を表す「Жарко.」という文になります。その前に「今日は」を表す「Сегодня」を添えて「Сегодня жарко.」とすると，「今日は暑いですね。」という上で紹介した文になります。

他にも,「美しい;キレイ **красивый**」「面白い **интересный**」などの形容詞も,語尾を「**о**」に替えて,最初の一文字を大文字に替えて,「**Красиво.**」「**Интересно.**」にすることで,漠然と主語を示さずに,「きれいですね。」「面白いですね。」を表す文になります。加えて,「おいしい **вкусный**」の短語尾中性形の「**вкусно**」だけで作れる無人称文「**Вкусно!**」を覚えておくと,何かの機会に使えるかもしれません。「おいしいですね!」の意味です。

無人称文は,動詞の不定形を添えることで「○○するのは～～だ」ということを表現できるところが便利です。

例えば,「有益な **полезный**」という形容詞の語尾を「**о**」に替えて,「散歩する **гулять**」という動詞を添えると,「**Полезно гулять.**」となり,「散歩するのは有益だ。」という意味になります。動詞を「読書する **читать**」に替えると,「**Полезно читать.**」となり「読書するのは有益だ。」となります。これらの文の「**Полезно**」を「**Интересно**」に替えると,「有益だ」が「面白い」になります。

以上,形容詞の語尾を替えて無人称文の述語にするものを紹介しましたが,無人称の述語に特化した言葉もあります。

例えば,「**можно** できる」「**лучше** したほうがよい」「**нельзя** してはいけない」「**надо** すべきだ」などがあります。状況によっては,「**Можно?**」だけで「いいですか。」の意味で使えますし,「座っている **сидеть**」という動詞を添えて,「座っていいですか **Можно сидеть?**」という文を作ることもできます。

この種の疑問文に対しては,「はい。**Да.**」「いいえ。**Нет.**」以外にも,「はい,いいですよ。**Да, можно.**」「どうぞ。

Пожалуйста.」「いいえ，いけません。**Нет, нельзя.**」などのフレーズを覚えておくとよいでしょう。これらの文に主語がないということを確認して，本日の講義のまとめに移ります。

おわりに

本日の講義は，次の内容を取り上げました。

ロシアの晩夏とペチカのある暮らし
ロシアの代表的メニュー・1
食文化はだれのもの？
ロシアの代表的メニュー・2
無人称文

夏と秋の短いロシアで暮らす人々は，晩夏から短い秋に冬支度をしましたが，その一環として森へキノコ狩りに出かけました。長い冬を乗り越えるためには，キノコが貴重な食材として重宝されました。森でのキノコ狩りは，いまでは実益を兼ねたよいレジャーとなっています。

寒さの厳しいロシアでは，ペチカを使った暮らしが根付いていました。ペチカの特性を生かした壺料理，ボルシチに代表されるスープ類，ピロシキやブリヌィに代表される焼き物が有名なロシア料理となっています。

ロシア語には主語の無い無人称文があります。英語でいう仮主語，形式主語は，ロシア語には不要で，述語となる形容詞の語尾変化で対応します。無人称文では語尾変化して形容詞を述語として使うことができますが，無人称文にのみ使う無人称述語もあります。

以上

講義Ⅸ　ロシア人にとっての「南方」と無人称文（2）

本講義の内容

ロシア人と休暇
「南方」のエキゾチシズム
ロシアとその「南方」
無人称文その2

ロシア南部のイメージ

ロシア人と休暇

前回の講義で東京とモスクワの気温を比較しました。東京では，12 月の平均気温が 7.3 度，1 月で 4.8 度，2 月で 5.4 度です。モスクワで 7.3 度というと 10 月中旬の気温で，その後その気温になるのは 5 月上旬のことです。その間はもっと寒いのです――そう考えると，モスクワでは寒い時期がとても長いということが分かる――そんなお話をしました。

冬が長いロシアで暮らす人々にとって「休暇」というと，〈青い海と青い空〉のイメージと結びついているようです。インターネットの検索サイトで「休暇 отпуск」という言葉で画像検索すると，その多くは，まさに青い海と青い空，白い砂浜のイメージの写真と画像が出てきます。

また，その画像にはキャプションが付いています。例えば，「仕事よ，さあサヨナラだ РАБОТА, давай до свидания」「出かけましょう休暇へ Едем в отпуск」「私は取るんだ，エネルギッシュな休暇を！！！ Я беру энергетический ОТПУСК!!!」「以上！！！ 休暇へ行く時だ！！！ ВСЁ!!! Пора в отпуск!!!」「もうすぐ休暇へ Скоро в отпуск」「万歳！ 休暇だ！ Ура! Отпуск!」など，たいへん積極的なメッセージを伝えています。

その一方で，「休暇」という言葉で検索できる画像には次のようなキャプションも見ることができます。「休むことができるべきです。とりわけ自分の考えから Нужно уметь отдыхать, особенно от своих мыслей」「旅は世界が美しく，時に値の付けられない大切さがあることを理解する助けになります Путешествия помогают понять красоту мира и бесценность времени」という意味深い言葉も見受けられます。休みの過ごし方については，以前の講義でお話しました。
皆さんは，自分の考えだと思っているものが，本当に自分の考えだと断言できますか。それは，親や友だち，学校の先生やSNS で誰かが言ったことではありませんか。それをそのまま信じているのではありませんか。自分の考えのつもりで，自分を苦しめてはいるものはありませんか。
休暇はそういうことを考える時です。だから，いつも繋がっている誰かと，一時離れる時でもあります。
上でお話した通り，モスクワの冬は長く，モスクワの周辺に海はありません。青い空と青い海を満喫できるのが「南方」であるというのは，日本もロシアも同じことです。日本で「南方」といえば，熱海や南紀白浜，さらには沖縄が国内では考えられます。国外でいえば，台湾，フィリピン，インドネシアなどの国々があります。ロシアでいえば，黒海周辺のクリミア半島やカフカス地方が「南方」であり，国外でいえば，トルコ，エジプト，ギリシア，イタリア，スペインなどが該当します。

「南方」のエキゾチシズム

休暇に南方へ出かける人々は，単に青い空と青い海を楽しむために「南方」へ行くわけではありません。休暇に南方へ出かける人々は，エキゾチシズムに浸ることを目的にしているようです。
エキゾチシズムとは，しばしば「異国情趣」「異国情緒」と訳されることもある独特の感覚です。未知の国への憧れや，異国の風物が醸し出す違和感と共感の入り混じった独特の感覚，異国で感じる独特の情緒のことをいい，これに浸るのは，気分転換の方法のひとつです。
エキゾチシズムは，ヨーロッパではいわゆる大航海時代に始まったといわれています。大航海時代とは，アフリカやアジアから見知らぬ珍しいものがたくさんヨーロッパにもたらされるようになった時代です。同じような時代がロシアでは 18 世紀，ピョートル一世の時代に始まったといわれています。ロシアが南方へと国土を広げていく中，カフカス地方に関する物語が人々の間にエキゾチシズムが広がるきっかけをもたらしたのです。

カフカス Кавказ というのは，英語読みでコーカサス Causasus といいます。ロシア語読みと英語読みで，ずいぶんと響きが異なりますが，どちらも古代ギリシア語の同じ単語からきた言葉です。カフカスの地域は，カフカス山脈によって大きく北部と南部に分けられます。現在ではカフカス山脈北部を北カフカスといい，この地域は現在のロシア南部に属します。カフカス山脈南部は，アゼルバイジャンやアルメニア，グルジア（ジョージア）などの独立国家になっています。その西にはトルコがあります。

カフカス山脈には，アララト山という，ユダヤ教の神話に出てくる山の名を与えられた山があります。その神話によると，世界の創造神は，人の数が増え，罪を犯す者が増えたのを見て，後悔したといいます。そこで創造神は，「人だけでなく，家畜も這うものも空の鳥も」滅ぼすことに決めました。

ただし，神はノアとその家族に箱舟を造らせ，ノアが選んだ動植物を箱舟に載せるよう命じました。そして，箱舟が完成した後に，40 日 40 夜雨を降らせました。人も家畜も這うものも空の鳥も死に絶えた後，雨がやみ，水が引いた後に，ノアの箱舟はアララト山の上にとまりました。こうして，アダムとイブから分かれた子孫は，ノアの家族を残して皆滅び，ノアから分かれた子孫が今の人類となりました。

このお話は神話です。ですから，このお話をまともに取る人はいません。ただ，このような話が伝わるほど古い歴史をこの地域は持っているということです。

この長く複雑な歴史をもつ地域のことをロシアの人々に伝え，いわば「カフカス・ブーム」をロシアにもたらしたのは作家でした。アレクサンドル・プーシキン（Александр Пушкин, 1799－1837）です。貴族の家系に生まれたプーシキンは，貴族の子弟のために開講された学校（リツェイ）の一期生として入学し，才能を伸ばしました。才能を開花させたプーシキンでしたが，政治に係わる作品を書いたことで南ロシアに流刑になりました。流刑中，体調を崩したプーシキンをとある将軍が旅行に誘いました。こうしてプーシキンは，4カ月間ほど，カフカス地方を旅してまわったのでした。

そして，カフカス地方で得た見聞を元に，『カフカスの虜 Кавказский пленник』『バフチサライの泉 Бахчисарайский фонтан』という作品を仕上げました。

『カフカスの虜』は，カフカスへ軍務で赴いた軍人が，現地の部族に捉えられてしまった後，現地の娘たちの「文明に駄目にされていない」天真爛漫な姿に心を奪われる物語を描いたものです。

『バフチサライの泉』は，プーシキンがクリミアで聞いた伝説を美しい詩の形でまとめた作品です。クリミアの旧都バフチサライの泉のほとりで，この地を支配していた遊牧民族のハンが物思いに耽っている――その胸中をめぐる恋と愛のお話です。

いずれも異国情緒あふれる作品になっています。

プーシキンは，これら二作品より前にも後にもすぐれた作品を残して，「ロシア近代文学の父」といわれています。

『カフカスの虜』という同じタイトルで小説を書いたロシアの作家にレフ・トルストイ（Лев Толстой，1828－1910）がいます。彼は，帝政ロシアの思想家・小説家であり，19 世紀ロシアを代表する文豪でもあります。日本では非暴力主義を解いたことで有名ですが，世界的にはその思想を自分では実践しなかったことで知られています。彼の『カフカスの虜』は 1872 年に発表されました。やはり，カフカス地方で囚われたロシア軍人と現地人の女性との恋愛を描いた作品でありながら，戦争が示す世の無常さ——無情さではなく——も描いた作品です。

ロシアとその「南方」

ロシアの南方では，様々な民族が共存しています。良い関係の時もあれば，好ましくない関係の時もあります。それは，どこの近隣諸国，近隣諸民族も同じです。ロシアの南方の中でも特にクリミアについていえば，ロシアのものか，ウクライナのものか，という議論が交わされることもありますが，記録に残っている限りでいえば，紀元前 5 世紀にギリシア人が植民したことが最初です。

その後，アジアから遊牧系諸民族が繰り返し来襲し，ギリシア人は，植民都市を放棄しました。遊牧系諸民族が来襲する一方，北方からはスカンディナビア半島から来たルーシの人々がこの地域を統治しました。ルーシの初期には遊牧系諸民族とルーシが勢力争いを続けましたが，少しずつルーシの勢力が安定的に拡大して 8 世紀には北部のノヴゴロドと南部のキエフを中心とした国家づくりが進みました。この国は，12 世紀まで安定して栄え，キエフは，ルーシ人の都としてヨーロッパの中でももっとも栄えた都市のひとつとなりました。

ところが，13 世紀に，モンゴル帝国がこの地域にも勢力を伸ばし，キエフの街を滅ぼしました。その後，キエフ以外の町々はモンゴルに服属して属国化しますが，南部と北部とでは、その歩みが異なっていきました。

その結果，ルーシ北部とルーシ南東部の人々に対し，ルーシ南西部の人々の暮らしや考え方，そして暮らしの中で使う言葉が徐々に変わっていきました。

やがて，15 世紀までにノヴゴロド系の都市モスクワを中心とした勢力がモンゴル系国家から独立してルーシ人の独立国家を復興させることに成功しました。その頃，モンゴル系国家は分割を繰り返し，勢力を弱めたため，クリミア半島はトルコの勢力下に入りました。

こうして，かつてノヴゴロドとキエフを中心として栄えた〈ルーシの国〉＝ロシアは，モスクワを中心として再出発することになったのです。言い換えれば，ロシアは，ウクライナも含め，様々な民族と国家が勢力争いを 1000 年以上にわたり繰り返した地域なのです。

皆さんの中には，毎回のように同じ話を繰り返していると思う人もいるかもしれません。このことには理由があります。すなわち，多くの国は侵略されたりしたりした過去があります。しかし，だからといって，暴力的な措置が認められるわけではないことは，誰の目にも明らかです。私たちは，男女の違い，人種の違い，民族の違い，家の違いだけでなく，文化的な違い，宗教的な違いも含めて，様々な違いをもって共に生きる存在であることを互いに認め合わなければなりません。どこかの国，どこかの民族だけを孤立させて平和になるわけではないのです。

話を戻します。

ロシアの「南方」の中でも，21 世紀に入って特に注目されたのは，クリミアとソチです。クリミアは，10 世紀にルーシの大公ヴラヂミルがキリスト教に改宗した土地で，世界史的に有名です。帝政時代に貴族のリゾート地として開発されました。ソ連時代には市民の保養地として利用されました。これがソ連解体後に再びリゾート地として注目を集めています。

ソチは，2014 年に冬のオリンピックが行なわれたことで世界的に注目されました。この地域は 11 世紀にグルジア王国に征服されてから 15 世紀まではグルジア王国領でした。15 世紀にオスマントルコに征服され，19 世紀にロシアに割譲されました。この地域が政治の側面からではなく，観光の側面から注目されたのは，グルジア出身のヨシフ・スターリンがソ連の最高指導者として，ソチにダーチャを建てて以来のことです。それ以来，ソチはクリミアと並んでリゾート地として人気が高まりました。美しい海，高い山脈，そして温泉の出るリゾート地 ── こうした条件の整った土地が注目され，オリンピック会場に選ばれたのでした。

無人称文その２

無人称文とは，人称の無い文です。前回の講義で説明した通り，顔のない文，人格のない文と言い換えることもできます。人称の無い文，顔のない文，人格のない文とはどういう文かというと，例えば，日本語では，「あぁ暑い。」という文です。この一文は，何が暑いのか，誰が暑いのか，どこが暑いのか，といったことを伝えていません。これをロシア語では，「**Жарко.**」の一言で表現されます。やはり，何が暑いのか。誰が暑いのか。どこが暑いのか，といったことを伝えていません。

別の例では，例えば，「暑くない。」に疑問の助詞を加えると，

「暑くないか。」という疑問文が作れますが，ロシア語では，「Не жарко.」の末尾の点を疑問符に替えると「Не жарко?」という疑問文が作れます。書くときは点を疑問符に替えることで平叙文と疑問文を分けることができますが，読むときはイントネーションで分けます。ロシア語では，質問したい単語のアクセントのある音節を高く読むと疑問文になります。ですから，今回の文では，「Не жарко?」の「жа」を高く読むと疑問文になります。

「Не жарко?」という文が無人称文であることは，語尾が「о」であることから分かります。

本日の講義では，この点を掘り下げます。

ロシア語では，名詞も動詞も形容詞も変化します。形容詞は，修飾する名詞の性・数・格に応じて変化します。例えば，「面白い интересный」は，「雑誌 журнал」を修飾するときは「интересный」ですが，「本 книга」を修飾するときは「интересная」と変化します。また，雑誌でも本でも複数であれば，「журналы」「книги」と複数形になります。これを修飾する形容詞も「интересные」と複数形になります。これらの語尾を整理すると次のようになります。

単数主格			複数主格
男性	女性	中性	
интересный	интересная	интересное	интересные

上に紹介した変化形は，語尾が２つの文字からなっています。これを「長語尾形」といいます。長語尾形は，修飾する対象に本来そなわった特徴や状態を表します。これに対して，

「短語尾形」というものがあります。こちらは，語尾が1字の，またはなくなる形です。

単数主格			複数主格
男性	女性	中性	
интересен	интересна	интересно	интересны

短語尾形は，限られた状況での状態や条件付きの特徴を表します。例えば，「Эта книга, кажется, интересна для молодых женщин. この本は，たぶん，若い女性には面白いでしょう。」のように「若い女性には」といった条件付きの特徴を表すときには，短語尾形を用います。

そして，短語尾の中性形を用いることによって，主語のない文（顔の無い文）を作ることができるのです。

長語尾単数男性形		短語尾中性形
холодный 寒い	→	холодно
жаркий 暑い	→	жарко
интересный 面白い	→	интересно

前回の講義でお話した通り，短語尾中性形の形容詞の中には，動詞の不定形と組み合わせて，「○○するのは～～だ」を意味する文を作ることができるものがあります。

例えば，「работать 働く」「играть 遊ぶ」「есть 食べる」

「**пить** 飲む」「**петь** 歌う」「**рисовать** スケッチする」「**разговаривать** おしゃべりする」などの動詞を形容詞 **интересный** の短語尾中性形 **интересно** 組み合わせると次のような文を作ることができます。

Интересно работать.	働くのは面白い。
Интересно играть здесь.	ここで遊ぶのは面白い。

また,「**интересно**」の部分を,無人称文にしか使わない無人称述語に置き換えると,次のような文を作ることができます。

Можно играть.	遊んで**いいよ**。
Надо работать.	働か**なければ**。
Хочется пить.	飲み**たい気がする**。

※ можно ・・・してよい надо ・・・すべきだ
хочется ・・・したい気がする

無人称述語の中でも можно は,前回も紹介しましたが,覚えておくと便利な単語です。日本語でも,状況に合わせて,「いいですか?」と尋ねることがありますが,ロシア語でも Можно?だけで同じ問いを発することができます。

おわりに

本日の講義は,次の内容を取り上げました。

ロシア人と休暇
「南方」のエキゾチシズム
ロシアとその「南方」

無人称文その２

ロシア人は，週末をダーチャで過ごすほか，まとまった休暇を南方で過ごす習慣があります。ロシア人にとっての「南方」は，外国でいえば，地中海沿岸，国内では黒海沿岸を指します。

ロシア人の「南方」は，東欧に定住したスラヴ人を中心として，アジアと北欧，西欧の諸民族が互いにかかわりをもつ中で複雑な歴史を形作りました。この歴史はロシア人に異国情緒をもたらしてきました。そのエピソードについては，日本人も文学作品を通して知ることができます。

ロシア語には主語のない無人称文があります。無人称文には，形容詞の語尾を短語尾中性形にして使う述語のほかに，無人称文でしか使わない述語（無人称述語）があります。

以上

講義Ⅹ　ロシアの学校と外来語

本講義の内容

学校について

ロシアの学校制度

学校の変化

ロシアの歩み（歴史）について

ロシア人にとっての外来語

「９月１日は知識の日」

学校について

ロシア語で「学校」をシコーラ школа といいます。これは，英語の school と同じ由来の言葉です。その言葉は古代ギリシアでは，余暇 досуг，休息 отдых という，今とはまったく違う事柄を意味しました。ただ，ここでいう「余暇」は，労働のための時間ではない，単なる自由な時間を指すのではなく，哲学的な対話が行われる自由な時間を指していました。

「哲学的な対話」と聞くと，何か難しい話をしていたのか，と思う人がいるかもしれません。でも，皆さんは，小さい頃に，「なぜ？」「どうして？」と疑問に思ったことはありませんか。ここでいう「哲学的な対話」というのは，「なぜ？」という疑問に対して，「なぜだろうか」と問い返し，疑問を深めながら，答えを探していくという営みです。皆さんが小さい頃に，何か疑問に思ったことがあったら，それに付き合って一緒に考えてくれる人はいましたか。

世界には，答えの無い疑問がたくさんあります。「なぜ空は青いのだろうか」「人はなぜ死ぬのだろうか」「世界は何でできているのだろうか」など，人間について，世界について様々な疑問が対話の材料になりました。このような対話ができたのは，比較的裕福な，何も考えられないほど身体が疲れ切るまで労働しなくても食べていかれた人々です。

もちろん，多くの人が疑問を深めていくことが得意というわけではありません。ただのおしゃべりに終始することの方がほとんどです。それでも，疑問を整理して答えを導き出すことが上手な人も現れました。こうした人を哲学者といいました。

哲学者の元には，人々が自分の疑問をもってきました。「なぜ私は妻とうまくいかないのだろう」という悩みを持ってくる人もいました。そんな中，哲学者に弟子入りする人も現れました。哲学者たちはひとり孤独に考えを深めただけでなく，弟子たちと対話する中で様々な疑問を整理したり，時に明快な答えを導き出したりしました。そのような時間は，哲学者の対話を聴く人々にとっても弟子たちにとっても，学びの時となったのです。

こうして школа は学びの時（そして場所）となり，日本語にいう「学校」を指す言葉になりました。

日本で学校は，初等教育の小学校（または，義務教育学校の前期課程，特別支援学校の小学部）に始まります。6 年間の後に中等教育の中学校（または，中等教育学校の前期課程，義務教育学校の後期課程）に続きます。中学校を 3 年間で卒業する時には，就職するか，進学するかの選択をします。つまり，小学校と中学校に通う合計 9 年間は義務教育期間です。

義務教育というときの「義務」は，教育を受ける子どもの義務ではありません。児童を養育する人の義務です。日本では，子どもに教育を受ける権利が認められています。知能をはぐくみ，人格を成長させ，学びの時をもつ――これは日本で暮らす子どもに認められた権利であり，その権利を満たすのは養育者の義務です。

義務教育修了後に進学を選んだ人は，高等学校（または，中等教育学校の後期課程，高等専門学校，専修学校，特別支援学校の高等部，各種学校）に進みます。高等学校に進んだ場合は 3 年後，高等専門学校に進んだ場合は 5 年後に卒業が待っています。

高等学校の卒業時には，再び就職するか，進学するかの選択をします。進学を選んだ人は，大学，短期大学，専門学校に進みます。

ここでは以下，高等学校から大学へのルートについてお話を続けます。中学校と高等学校の 6 年間が中等教育，大学の 4 年間が高等教育の期間です*。大学を卒業するときには，大学院に進むか，就職するかの選択肢がありますが，一般的には就職する人がほとんどです。

*URL：https://www.nicjp.niad.ac.jp/uploads/media/2019/12/20191218170749.pdf, 参照年月日：2022 年 3 月 16 日

ロシアの学校制度

これに対して，ロシアでは，シコーラ **школа** に 11 年間通います。11 年間のうち，最初の 4 年間を初等課程，続く 5 年間を基礎課程，最後の 2 年間を中等課程と位置付けています。そして，これらの期間を義務教育としています。

義務教育を始めるのは，ふつう 5 歳から 6 歳で，健康状態に応じて遅らせることがあっても遅くとも 8 歳までとされています。そもそも，義務教育が始まる 6 歳の時点で，同じ学年になる子どもの間に最大 1 年近くの成長の差があります。4 月生まれの子どもと 3 月生まれの子どもとで，4 月の入学時点の成長具合に差があったとしても，何の不思議もありません。

また，成績次第で留年もありえます。入学時には大丈夫だろうと考えられても，実際に 1 年間を過ごしてみて，やはり難しかったということがあるからです。さらに中等課程終了時には統一国家試験を受けることになっていて，この試験に合格したら初めて義務教育を卒業することになります。卒業するときには，就職するか，進学するかの選択をします。

義務教育の中に留年があるとか，卒業試験があるという話を紹介すると，日本では強く反対する人がいます。「子どもを留年させるのは可哀そうだ」「卒業試験に受からない子どもは

どうするのか」というのです。では，よく理解できもしない授業に参加させ続けられる子どもは可哀そうではないのでしょうか。社会のこともよく分かっていない子どもを社会に放り出すのはよいことなのでしょうか。

皆さんはどう考えますか。

さて，ロシアで義務教育に通う教育機関をロシア語でшкола ということは，さきにお話ししました。ロシア語では，школа に通う児童をシコーリニク школьник といいます。これに対し，統一国家試験に合格してさらに進学を選んだ人をストゥジェェント студент といいます。この言葉は英語 student と少し異なります。英語でも student は，米国では high school に通う生徒と College か University に通う学生の両方を指し，英国では学生だけを指すという違いがありますが，ロシア語で студент は，大学生のみを指します。ですから，ロシア語の студент は，日本語の「生徒」というより「大学生」に相当する言葉です。

また，日本では，高校時代に，文系と理系の二択で自分の将来を選択することになっています。ロシアでは，基礎課程つまり 5 年生から 3 つの方向を選択することになります。まず，普通教育 общеобразовательные школы があります。2 つ目はリセ лицей です。3 つめはギムナジウム гимназия です。

リセとギムナジウムは帝政時代に設けられた貴族の子弟向けの教育機関でした。ソヴィエト時代に廃止されましたが，ソ連解体後に復活しました。もちろん，貴族制度が復活したわけではありません。ですから，名前はリセとギムナジウムでも，その内容は変わっています。リセは，ソヴィエト時代の専門技術学校が改名したものが多くあります。つまり，どちらかというと理系重視の教育機関で，大学との提携校であるという特徴をもちます。これに対して，ギムナジウムは文系重視ということができます。

ソ連解体後の 1990 年代後半から世間の教育熱に合わせて，リセとギムナジウムが増えているといいます。

なお，「リセ」というと，日本では色々な会社が使っていますが，もともとギリシア語のリュケイオンからきた言葉です。古代ギリシアの哲学者アリストテレスは，自分が創設したギムナジウム（ギリシア語読みでギムナシオン）をリュケイオンと名づけました。ギムナジウムは，読み書き体操の訓練場のことであり，より一般的な響きを持っています。ちなみに，アカデミーの由来となったアカデメイアはプラトンが創設したギムナシオンの名称です。古代ギリシアに由来する言葉ですので，ヨーロッパ文明圏では，様々な意味で用いられています。

学校の変化

ロシアでは，学校の 1 年，つまり学年のはじまりは 9 月 1 日です。この日は「知識の日 День знаний」と呼ばれています。この日は休日ではありませんが，国の祝日に定められています。この日，大統領が教師と生徒を寿ぎ，学校では先生に花を贈るなど，特別な日として過ごされます。最近では，この日の主役は教師ではなく子どもなのだから，子どもたちこそ贈り物であると訴え，先生に花を贈る習慣を取りやめる学校も現れました。

学校の 1 年の終わりは 5 月 31 日です。

子どもたちは 1 週間のうち 5 日か 6 日，学校に通います。1 つの授業は 35 分か 45 分です。一年間は 4 学期か 3 セメスターに分かれており，学期ごと（セメスターごと）に成績評価が下されます。そのうえで，1 年ごとに成績評価が下され，成績不良者については，留年や降年があります。

先程，「学校で留年があるのは可哀そうだ」という意見があるといいました。他方で，勉強ができないまま上の学年に行っても，分からないことが増えていくだけで，本人にとってどちらがよいかは，わかりません。小学校の時の 1 年の遅れが大きいと思う人もいますが，15 歳であるいは 18 歳であるいは 22 歳で社会に出る時に，年齢的に遅れがあるのと，学力的に遅れているのと，どちらが本人にとって良いことでしょうか。

実は，この問題はロシアで実際に取り上げられています。つまり，まもなく学年が終わり，留年するだろうと予想ができている子どもは，いっそう学習態度が悪くなり，学習意欲も失っていくということが観察されているのです。

また，近年問題視されているのは，学校の自主性をどうするか，ということです。ロシアでは，社会主義をやめて，資本主義を導入しました。その結果，地域ごとに差や違いが生まれていきました。社会主義の時代は，地域ごとの差や違いを埋め合わせることが重視されていました。資本主義になってから，そういった差や違いは埋め合わせるのではなく，それぞれの地域の差に学校も合わせていく，改革していくという方向が示されています。具体的にいえば，時間割の配分や予算の配分について，それぞれの学校で決められる範囲を広げるようになったということです（2010 年）。

また，共稼ぎの家庭が増えていきました。共稼ぎの家庭が増えるということは，下校時刻が来た後に誰もいない家に帰ることになる子どもが増えるということです。そこで，下校時刻の後に子どもたちが学校にいる場合に，その管理をする人を有料で雇うようになりました。

ここで注意しなければならないのは，学校の先生は仕事として子どもたちの教育を担っているということです。仕事ですから，その労力に応じて報酬を支払わなければなりません。ですから，下校時刻を後らせるのであれば，その分の報酬も増やさなければなりません。

日本では長く，先生の長時間労働が問題視されていますが，ロシアではその問題が早くから注目され，労働時間に応じて，給与が増やされるなど，教師のワークライフバランスにも配慮されています。

ロシアの歩み（歴史）について

以上にご紹介した通り，学校制度にも，国によって違いがあるだけでなく，時代によっても変化があらわれます。このような変化を並べていくと，歴史というものが見えてきます。ですから，その国や社会がどのような歴史の中で形作られたかを知ると，その文化や言語についても理解が深まります。

人についても同じかと思います。誰かを好きになると，その人がどのような家庭環境で育ち，どんな友達と遊び，どんな恋人と付き合ったのかを知りたくなるかと思います。その人がどんな両親のもとで生まれ育ち，どんな友達がいて，どんな人と付き合ったかまったく気にならない，という人はあまりいないと思います。人であればその人の過去，国であればその国の歴史ということになります。

人に誕生日があるように，国や社会にもはじまりがあります。もちろん，人が生まれる前に精子と卵子であったという話をすると，国や社会にもそれ以前の形がありますので，歴史に始まりはないといわれるかもしれません。しかし，ふつう歴史というと，国や社会のかたちがある程度整った時をもって「始まり」と考えます。

このように，歴史には「始まり」があるのですが，それから現在までがずっと同じではありません。どこかに区分があります。

歴史には始まりと区分があるということを，次にロシアの歴史教科書で見ておきます。

ロシアで最高の大学といわれるモスクワ国立大学の歴史学科指定の教科書では，ロシアの歴史は考古学的にさかのぼれる時代に関する記述に始まります。この点は日本のふつうの歴史の教科書と同じかと思います。その一方で，9 世紀から 21 世紀までの歴史を 500 頁ほどの分量で説明していますが，その配分にひとつの特徴がみられます。

分量	扱っている時代	頁数
約 100 頁	9－17 世紀	23－127 頁
約 60 頁	18 世紀	128－187 頁
約 100 頁	19 世紀	188－283 頁
約 180 頁	20 世紀	283－467 頁
約 20 頁	1990 年代から今日まで	468－491 頁
16 頁	現代の文化	492－508 頁

9 世紀から 17 世紀まではそれぞれ 12～13 頁で説明されていますが，18 世紀から急激に分量が増えています。つまり，17 世紀までは大きな流れを理解しておいて，詳細を知る必要があるのは，18 世紀以降だということなのです。

これは，ロシア史を理解する上で大きな区切りが 17 世紀と 18 世紀の間にあるということを示しています。

実際，17 世紀の後半から 18 世紀の前半にかけて，ロシアは大きな転換期を迎えました。この時代のロシアを統治した皇帝が，この授業で何度か紹介したピョートル大帝（1 世）です。

つまり，ピョートル大帝の時代がロシア史を理解する上でひとつの大きな区切りとなるのです。実際，「ピョートル以前の **допетровский**」という形容詞があり，それを使った次の表現があります。

「ピョートル以前のルーシ **Допетровская** Русь」

「ピョートル以前のロシア **Допетровская** Россия」

「ピョートル以前の時代 **допетровский** период / **допетровская** эпоха / **допетровское** время」

このうち，「時代」を意味する単語には注意が必要です。「ペリオド **период**」は，＜完結したひとつの発展過程＞を示す「時期」，「エポーハ **эпоха**」は＜ある特色＞をもった「時代」，「ヴレーミャ **время**」は＜何かが行なわれる・行われた限られた＞「時期」を示します。つまり，ルーシのはじまりからピョートルに至るまでの数百年間は，「完結した」「ひとつの特色をもった」「何かが行なわれた」時代として理解されているのです。

そして，「ピョートル以前の時代」に対して，＜ピョートル以後の時代＞はどのような時代かというと「現代」といわれます。

このように，ピョートル大帝は，ロシアの歩み・歴史を理解する上で，ひじょうに大切な存在であることが分かります。

その一方で，「ピョートル以前の」歩みにも大きな区切りがあります。それが，「タタールのくびき」です。これは，およそ 13 世紀から 14 世紀にモンゴル系遊牧民族の支配下にあった時代です。「くびき」とは家畜にはめる器具であり，ロシアの民がモンゴル・タタールの遊牧民族の奴隷であったことを示しています。そして，その前の時代が「モンゴル以前のルーシ」，そのあとの時代が「モスクワ大公国」または「モスクワ・ロシア」の時代です。

モンゴル以前のルーシは，スカンディナビア半島出身の人々が，北欧由来の国家体制と宗教を用いて国家として出発しました。まもなくギリシア文化をこれに接合して，正教キリスト教を導入します。

タタールのくびきの時代に，ルーシの国に，アジアの国家体制，経済体制の考え方が流入します。

モスクワ大公国の時代には，旧モンゴル帝国の後継国家とライバル関係にあり，それらを征服することによって，ユーラシア北部に支配権を確立していきます。その一方で，東ローマ帝国が崩壊し，その亡命者がロシアを訪れ，ロシアとギリシア人の関係が再び深くなります。

この時代についてもうひとつ指摘すべきことがあります。ユーラシア大陸においてヨーロッパ人がアジア人の侵略を受けていた時代が終わり，ヨーロッパ人がアジアへ侵略する時代が始まりました。

これに一つの区切りがついて再びヨーロッパ文明に目を向けるようになったのが，ピョートル大帝の時代でした（正確にはその父帝の時代）。

それでは，ピョートル大帝以後の「現代」はどうなっているでしょうか。

ピョートル大帝以後の時代もまたひとつの大きな区切りによって分けられます。それは，「ソヴィエト時代」です。1917年のロシア革命あるいは 1922 年のソ連成立から 1991 年のソ連解体までを「ソヴィエト時代」または「ソ連時代」といいます。世界初の社会主義国家建設を国是とした国家の誕生から社会主義の夢が破れて，資本主義に戻るまでの，大きな社会実

験の時代でした。

ピョートル以後，ソヴィエト以前の時代は，「ロシア帝国」の時代または「帝政ロシア」の時代です。そして，ソヴィエト時代以後の時代は，いまのロシア連邦の時代となります。

以上の流れを改めて並べると次のようになります。

ルーシ時代（8～12 世紀）	ピョートル以前
タタールのくびきの時代（12～14 世紀）	
ロシア時代（15～17 世紀）	
帝政時代（18 世紀～1917 年）	現代
ソヴィエト時代（1917・1922～1991 年）	
現代（1991 年～現在）	

この流れを踏まえて，次の話題に移ります。ロシア人にとっての外来語です。

ロシア人にとっての外来語

ルーシ時代の外来語として知られている単語に次のものがあります。

- 琥珀 **янтарь**，村 **деревня** ――バルト諸語から
- アルファベット **алфавит**，力学 **механика**，喜劇 **комедия**，砂糖 **сахар**，ノート **тетрадь** ――ギリシア語から

琥珀といえば，地質時代の樹脂が化石化したもので，黄金色または美しい黄色に輝く装飾品として知られています。バルト海に面する地域で手に入るもので，バルト人との交流のあ

ったことを物語っています。また，アルファベットや力学といった実学に関する言葉だけでなく，喜劇や砂糖，ノートなど，文化に関する言葉がギリシアから入ってきたということも，ルーシの人々がギリシア文化に触れていたことを物語っています。

ルーシ時代やタタールのくびきの時代の外来語としては，次のものが知られています。

・世襲貴族 **боярин**，勇者；英雄 **богатырь**，馬 **лошадь** ――チュルク系諸語

国が発展していく中で，また遊牧民族とのかかわりの中で地元の有力者たちが世襲貴族となりました。また，諸民族が闘争の中で勢力争いを繰り返しました。その中で生まれた悲劇は，民衆の間で語り継がれ，やがて民話の英雄，勇者を生み出すことになります。そのお話の中にも，実生活の中にも，馬の存在は不可欠でした。何より，ロシア人のライバルになったのは遊牧民族だったのです。

ロシア時代の外来語としては次のものが知られています。

・医師 **доктор**，医術 **медицина**，線 **линия**，薔薇 **роза** ――ラテン語

ピョートル大帝治下の外来語では，次のものが知られています。

・旗 **флаг**，海軍 **флот**，舵 **руль** ――オランダ語
・カーニバル **карнавал**，パスポート **паспорт** ――イタリア語

帝政時代の外来語には次のものが知られています。

・馬鈴薯 картофель，観光ルート маршрут，市場 рынок ——ドイツ語
・айкидо, бэнто, гэйша, ёкай ——日本語

皆さんは，日本語から来た言葉が読めるでしょうか。
現代の外来語には，次のものが知られています。

・ офис, интернет, блог, дайвинг ——英語
・ бисёдзё, караоке, каваий, манга ——日本語

ここに紹介した単語はほんの一握りの例です。それでも，それぞれの時代がどのような時代であったかを知るうえで，興味深いのではないでしょうか。

おわりに

本日の講義は，次の内容を取り上げました。

学校について
ロシアの学校制度
学校の変化
ロシアの歩み（歴史）について
ロシア人にとっての外来語

ロシアの学校制度では，11 年間を義務教育期間としています。義務教育の終了には統一国家試験を課しています。11 年間の義務教育が終了すると，高等教育機関へ進学することになりますが，成績次第では留年や降年があります。学年は 9 月

に始まり，5 月に終わります。

ロシアでは，帝政時代に作られた学校の名称（**лицей** と **гимназия**）が再び使われるようになっていますが，それが意味するところは変わっています。同様に，時代の新しい変化に伴って生じた問題の指摘やそれに対応するための学校改革も進められています。

ロシアの歩みを知るうえでピョートル 1 世・大帝の名は重要です。

ロシア人にとっての外来語は，それぞれの時代を反映しており，ロシア語を学ぶ外国人にも役に立ちます。

以上

講義XI　「黄金の環」と体のペア

本講義の内容

ロシアの「黄金の環」
ロシアとキリスト教
正教のシンボルとメッセージ
歴史と観光
「黄金の環」は「森の向こう」に
動詞の体

ロシアの「黄金の環」

ロシアの「黄金の環」

ロシアの都モスクワから北東部に，ロストフ Ростов，スーズダリ Суздаль，ヤロスラヴリ Ярославль，ウラヂミル Владимир，そしてセルギエフ・ポサート Сергиев Посад といった，かつてロシアで大きな力をもった町々が広がっています。これらの町々を回るルートは現在，ロシアで人気の観光ルートのひとつであり，「黄金の環 Золотое кольцо」と呼ばれています。

「黄金の環」が人気を博している理由は，そこにロシアの伝統的な風景が広がっているからだといわれます。

それでは，「ロシアの伝統的な風景」とは，どのようなものなのでしょうか。

「黄金の環」の風景として紹介される写真や挿絵を見ると，その多くは，ロシアに独特な建築物が川や湖のほとりに立っており，その周囲を木々に囲まれている，そんな風景が広がっています。ロシアに独特な建築物は，中世期にロシアで発達した正教キリスト教の聖堂であり，その周囲に広がる森は，ユーラシア大陸北部の森です。つまり，中世の正教キリスト教の建造物とユーラシア北方の森の風景が組み合わさって，「ロシアの伝統的風景」になるのです。

森であれば，北国以外にもあります。北国の森でしたら，スカンディナビア半島にも北米大陸にもあります。キリスト教の建造物でしたら，西欧にも南欧にもあります。正教キリスト教の建造物でしたら，ギリシアにもあります。でも，北国の森が広がる世界最大の大地に，正教キリスト教の建造物が数百年に亘り独自の発展を遂げた姿で溶け込んでいる場所というのは，他にはありません。だから，中世の正教キリスト教の建造物と北方の森の風景の双方が一つの場所で融合しているのが,「ロシアの伝統的風景」なのです。

実際,「ロシアを歩いていて,町でも田舎でも,キリスト教の聖堂を見ない日はない」といわれます。クリスチャンであれノンクリスチャンであれ,あるいは民族としてのロシア人であれ,国民としてのロシア人であれ,あるいは外国人であれ,ロシアで暮らしていると毎日目にする建造物——それがキリスト教の聖堂です。それというのも,ロシアの国民の大半がクリスチャンだからです。もちろん,クリスチャンの中にも,毎週のように教会の礼拝に通っているという熱心な人がいれば,子どもの頃に洗礼を受けたから,結婚式と葬式はキリスト教会で執り行うつもりだという人もいることでしょう。

また,宗教に関する統計です。その取り方によって結果に違いはあります。それでも,国民の大半がクリスチャンであることは疑えません。ロシア国民の総数が1億4000万を超えているという話は,以前の講義でしました。その大半がクリスチャンということは,ロシアにクリスチャンが7000万人以上いるということです。

ロシアとキリスト教

なぜ,それほど多くのクリスチャンがいるのでしょうか。

それは,ロシアが1917年までキリスト教を国教としていたからです。ロシアがキリスト教を東ローマ帝国から受け継いだのは9世紀のことです。つまり,ロシアは1000年に亘りキリスト教と共に発展した言語と文化,そして社会をもっているというわけです。

ただし,キリスト教といっても,ロシアのキリスト教は,ギリシアから受け継がれたキリスト教です。これは,イタリアやドイツ,アメリカで主流のキリスト教とは異なります。この話は以前の講義で説明しました。つまり，キリスト教には，『新約聖書』が書かれた言語であるギリシア語で神学した人々のキリスト教（正教），ギリシア語で書かれたものが分からない人のためにそれを翻訳して，その翻訳で神学した人々のキリスト教（旧教），これに反発して，改めてギリシア語を学んでから独自に旧教をアレンジした人々のキリスト教（新教）があるのです。

このため，ロシアのキリスト教の建造物には，ローマ・カトリックやプロテスタントの建造物とは違う点を見ることができます。とりわけ，聖堂上部のドーム部の形には，正教と旧教，新教の違いを見ることができます。タマネギ坊主のドームが聖堂や尖塔の上にあるのが正教の建造物です。尖がり帽子の聖堂や尖塔は，旧教の建造物です（中世期には旧教の影響を受けた聖堂がロシアにも建てられました）。

このような話をすると，中東やインドにあるムスリム（イスラム教徒）の聖堂（モスク）にもタマネギ坊主のドームがあることを指摘する人がいます。このことは偶然ではありません。

ロシア人はギリシア人からキリスト教を学び，導入しました。ムスリムは，ギリシア人の帝国であった東ローマ帝国を滅ぼして，その都を征服しました。その後，ムスリムは，東ローマ帝国の都コンスタンティノープルにあった正教の聖堂を取り壊すのではなく，その装飾を取り去り，自分たちの考え方に沿って改造しました。ですから，建造物としての構造はギリシア人のものをそのまま利用したのです。

ですから，タマネギ坊主のドームをもつという正教キリスト教とイスラム教の共通点は，ギリシア人の建造物を継承したことに由来するのです。

それでも，ロシアと中東の建造物には様々な違いがみられます。暖かい気候に生きる人々の装飾と，極寒の地で生きる人々の装飾に違いが表れるのは，自然なことかと思います。それは使われる土地や素材の違い，価値観の違いなどにもかかわりがあります。

さて，ロシアのキリスト教の建造物に顕著な特徴は，そのドーム型の屋根の上の部分にあります。キリスト教会の聖堂というと，その屋根の上に十字架があるものです。もちろん，ムスリムの聖堂には十字架はありません。なぜなら，十字架は，キリスト教でいう「世界の救い主」（ヘブライ語でメシア，ギリシア語でキリスト）であるイエスの死と復活のシンボルだからです。ユダヤ教でもイスラム教でも，イエスは大切な預言者の一人ではありますが，世界の救い主ではないのです。

正教のシンボルとメッセージ

ロシアのキリスト教建造物にある十字架は，「八端（はったん）十字架」という，縦棒が１本，横棒が３本からなる十字架です。上から短い横棒，長い横棒，短く傾いた横棒の順で縦棒についていて，８つの端があることから八端十字架と呼ばれます。

十字架は，ローマ帝国で採用された処刑具です。ただ，ふつうは十字型ではなく丁字型であったといいます。しかし，イエスの場合，罪状書きが付けられたといいますから十字型であったと考えられています。

罪状書きはふつうありませんでした。イエスが処刑されたのは，ユダヤ教の指導者が彼を恐れたからです。イエスの教えに民衆は熱狂し，イエスを自分たちの指導者にしたいという声が高まりました。そこで，ユダヤ教の指導者たちは，イエスがローマ帝国に対してクーデターを目論んでいると訴えました。つまり，罪をねつ造したのです。

ローマ帝国当局は，ユダヤ教の指導者の訴えが嘘であることを知っていました。それでもイエスの処刑に同意します。それは，ユダヤ教の指導者が扇動した民衆の暴動を抑えるためでした。その代わり，イエスの罪状書きを用意させ，そこに「これはユダヤ人の王である」と書かせました。

ユダヤ教の指導者にとって，これは面白くないことでした。しかし，ローマの総督は，ユダヤ教の指導者の言い分を半分聴いて，イエスを処刑する代わりに，彼らのいうことの半分は無視し，彼らにとって面白くないことも行ないました。つまり，自分が彼らの言いなりにならないことを示したのです。

八端十字架の上の横棒は，この時の罪状書きの存在を示しています。

八端十字架の下の横棒は，足の留め台です。この棒が傾いているのは，歴史上の十字架の姿を伝えているわけではありません。この棒が傾いているのは，イエスの最後にまつわる次のエピソードを象徴するため，イエスの死を語り伝えるために正教キリスト教がつくり出したシンボルなのです。

イエスが十字架につけられた時，その両側にひとつずつ十字架が立っていました。そこには強盗（または人殺し）のために処刑される罪人が磔（はりつけ）にされていました。つまり，イエスは，彼らと同種の罪人として処刑されようとしていたのです。

その様子を見た通行人たち，ローマ兵たち，ユダヤ教の指導者たちは，口々に次のようにいって，イエスを罵りました。「おやおや，世界の救い主さんよ！　十字架から降りて自分を救ってみろ！」「お前がユダヤ人の王なら，自分を救ってみろ！」「他人は救ったのに，自分は救えない。メシア，イスラエルの王だって！　今すぐ十字架から降りてこい！　それを見たらお前を信じてやろう！」

このように人々がイエスを罵っていると，イエスの隣りで磔にされていた，ひとりの強盗が次のようにいいました。「お前はメシアじゃなかったのか。自分と俺らを救ってみろ！」

やはり，イエスを罵ったわけです。すると，もうひとり，やはり磔にされていた強盗が次のようにいいました。「お前は神を恐れないのか。俺らは，自分のやったことの報いを受けているのだから，当然だ。しかし，この人は何も悪いことをしていない。」

そして，イエスに向かって，「イエスよ，あなたが神の国に行かれる時には，私を思い出してください」といいました。すると，イエスは，「よく言っておくが，あなたは今日私と一緒に楽園にいる」と応えました。

八端十字架の下の横棒は，このやりとりを伝えているのです。

このエピソードを知った人は，正教会の十字架を見て，その下の横棒を見れば，イエスの両側で磔にされていた二人の強盗のうち，どちらが地獄へ落ちて，どちらが楽園へ挙げられたかをすぐに理解するでしょう。

キリスト教の中心には，ナザレのイエスが救い主であるという教えがあります。キリスト教のシンボルである十字架はそのことを示しています。そのシンボルに下の横棒が加えられているのは，上のエピソードを思い出すためです。つまり，人は，たとえ自分で担えないほどの罪を負ったとしても，たとえ死を目前に控えていたとしても，自分の犯した罪とその報いをきちんと自分の頭で理解して，自分の心と身体で受け止めて，さらに『新約聖書』に書かれているナザレのイエスのエピソードから，この人は罪を犯さずに殺されたということを認めて，人前で告白した人は救われる――これがキリスト教の中心にある教えである——正教会の八端十字架からはこのようなメッセージを読み取ることができます。

歴史と観光

先ほど，現代ロシアの有名な観光地である「黄金の環」は，中世ロシアの町々からなるという話をしました。そこで次に，歴史と観光の関係についてお話します。

歴史という言葉には注意が必要です。しばしば，「過去の集積が歴史だ」または「歴史とは事実の積み重ねだ」という人がいます。しかし，過去は過ぎ去ったものです。過去はいま存在しませんし，未来にもう一度現われることはありません。いま存在しないものを集めることも，積み重ねることもできません。つまり，歴史は過去の集積だとか，事実の積み重ねだとかいうのは，ひとつのフィクション，あるいはロマンです。リアルに考えるなら，歴史とは，今を生きる誰かが，今を生きる誰かに，あるいは未来を生きる誰かに伝えたいと願う，過去に関する情報なのです。

観光も同じです。過去に生きた人々が造ったもののうち，今を生きる人々が今後も残しておきたい，多くの人に知ってもらいたいと思うものが観光の目玉として採用されます。ですから，中世ロシアの町々が，いま「黄金の環」として，ロシアの観光地として人気を博しているということも，その観点から理解する必要があります。

ここでいう「ロシアの中世」は，タタールのくびきの時代，西暦でいうと 13 世紀から 15 世紀のことを指します。

ここでもう一度，ロシアの歩みをおさらいしておきます。

8 世紀までに北欧からやって来た人々（ルーシ）が国づくりを始めました。彼らが始めた国づくりは，北欧の国々と同じもの，西の果てはアイスランドからヴィンランド（北米）まで続くはずのものでした。しかし，ルーシと呼ばれた人々は，10 世紀までにギリシア人との交流の中で，ギリシア人の世界観と人間観，すなわち正教のキリスト教を自分たちのものとして新たな国づくりを始めました。

ルーシの人々が始めた国づくりを見て，ローマ帝国の人々は，ルーシ人の国を「ルーシア」または「ローシア」と呼びました。北欧の言語と文化がスラヴ人のもとでギリシアの言語と文化と融合して新しい国が生まれました。

13 世紀に，中国人と朝鮮人を引き連れて日本を侵略したモンゴル帝国は，西の反対側ではヨーロッパを侵略していました。そして，ヨーロッパの一番東側にあるルーシ人の国がモンゴル帝国の支配下に入りました。モンゴル帝国との戦争の中で，ルーシの南の中心地であったキエフは破壊され，完全な廃墟となりました。北の中心地であったノヴゴロドは，モンゴル帝国に服属する形で独立を保ちました。

すると，ロシアの西方にあったポーランドとリトアニア，ドイツ，そして北方にあったスウェーデンは，ルーシの土地を侵略し，ルーシの西部を征服しました。北方では，ノヴゴロドの公であったアレクサンドル・ネフスキイがドイツとスウェーデンの侵略を退けて独立を維持しました。

こうして，13 世紀にルーシ人の国は，モンゴル帝国に服属する形で独立を保った北部，モンゴル帝国に征服された南東部，リトアニアとポーランドに侵略された南西部に分裂したのです。

それから，ルーシの国を取り戻す運動を始めたのは，独立を維持した北部の人々でした。南東部の人々は，モンゴル帝国の苛烈な支配下で生き延びるのがやっとでした。南西部の人々は，ポーランド人の迫害を受けて，先祖伝来の正教キリスト教を捨て，ローマ・カトリックのキリスト教に改宗することで生き延びようとしました。

最終的に，モスクワの町がルーシの北部を統一し，モンゴル帝国の支配から脱し，反対にモンゴル帝国の衛星国を征服し始めます。新しいルーシの国＝ロシアの時代が始まりました。

このように，東からモンゴル帝国，西からポーランドとドイツ，北からスウェーデンに侵略され，一度は国が分断された後，人々が祖国の再統一と再生を願った時代がありました。この時代にルーシの覇権を競い合った町々――それが「黄金の環」の町々なのです。

日本でいえば，戦国時代に天下の覇を争った諸大名の城下町のようなものだと考えれば，日本人には分かり易いでしょうか。日本の有力な諸大名は大きな城を築き，それは今でも観光名所となっています。ロシアの「黄金の環」の中にも，様々なクレムリン **кремль** があります。いま，大文字で「**Кремль**」といえば，モスクワのクレムリンを指し，ロシア連邦の大統領府のある場所を意味しますが，小文字の「**кремль**」は，普通の名詞で，「城」という意味です。

「黄金の環」は「森の向こう」に

このように考えていくと，「黄金の環」という言葉はロシアに古来あったわけではない，ということが理解されます。この言葉は，1967 年の雑誌『ソヴィエト文化』の連載記事のタイトルでした。

当時，第 2 次世界大戦が 1945 年に終わってから 20 年程が経っていました。戦後の復興も進み，人々の暮らしが改善されていく中，「森の向こうで，とてもロシアらしい美しい景色を見た」という話が人々の間で知られるようになりました。それを受けて，雑誌の編集部で調査した結果，モスクワ北西部に位置する，かつてのモスクワのライバルであった町々を紹介するという連載記事の企画がもちあがったのでした。

そして，その連載のタイトルとして，「黄金の環」という言葉が造られたのです。この言葉は，有名になり，その響きがよかったのでしょう，一般に使われるようになりました。

「黄金の環」に含まれるウラヂミルとスーズダリの町は，1992 年にユネスコの世界文化遺産に登録されました。それ以前に，ロシアではモスクワとサンクトペテルブルクという二つの都がソ連時代の 1990 年に世界文化遺産に登録されています。その後，コミの原生林が 1993 年に，またバイカル湖が 1996 年に世界自然遺産に登録されました。

観光名所としての世界遺産は，文化遺産と自然遺産とに分けられています。文化遺産というのは，人の歴史が造り出したものということができるかもしれません。人は自分が生まれついた土地で，あるいは自分たちで選び取った土地で生きていきます。そのために町や施設を造ります。そうした町や施設の中で，その子孫にとって価値のあるもの，覚えておく必要のあるエピソードの詰まったものは，時を超えて残ります。それが文化遺産として観光地になります。

これに対して，自然遺産は，人の歴史から離れていたものです。誰も知らない，誰も足を踏み入れたことがないから，人にとって珍しい光景を残しているのです。ですから，これをわざわざ世界遺産に登録するということは，ひとつの矛盾でもあります。

その矛盾が顕著に表れたのがバイカル湖とその周辺です。

世界で最も深い湖として知られていたバイカル湖は，水が澄んでいて，その酸素含有量も高く，特別な生態系を維持していました。ところが，1996年に世界自然遺産に登録されると，それを見るために，観光客が現れ，観光客を目当てにした観光施設が造られるようになりました。

観光客は，自然を守ろうと考えて，観光するわけではありません。自分が楽しみたいから観光するのです。観光施設を運営する人も，自然を守ろうと考えて観光施設を運営するわけではありません。自分が稼ぐための手段として観光を利用しているのです。

観光客が増え，観光施設が増えた結果，バイカル湖の周辺では汚染問題が始まりました。観光客が残すゴミ，観光施設から発生するゴミが湖の水を汚し，空気を汚しました。その結果，様々な生物が死に，あるいはその地域を離れました。

美しい自然は，自ずから然りである限りにおいて美しく，そこに人の手が加わると美しさを失うのでしょう。

時の流れは時に人の心を癒しますが，時に残酷なものです。そして，時の流れは，動詞によって表されます。

動詞の体

ロシア語の動詞には，完了体と不完了体という２つの体があります。これらの違いを理解することは，ロシア語を理解する上で，また使いこなしていくうえで，とても大切です。なぜなら，ロシア語の動詞はいずれも，完了体動詞と不完了体動詞のどちらかに分かれるからです。

では，完了体と不完了体にはどのような違いがあるのでしょうか。

まず，基本的な違いを確認します。

完了体動詞は，行為・運動の完了と結果を表すときに使います。不完了体動詞は，行為・運動の有無と内容を表すときに使います。

例えば，「**Я написал письмо.**」といえば，「私は手紙を書き終えた。」という意味になります。「手紙を書く」という行為が完了したこと，そして，「手紙」という行為の結果があるということを伝えます。ここでは完了体動詞 **написать** が使われています。

これに対して，「**Я писал письмо.**」といえば，「私は手紙を書いていた。」という意味になります。「手紙を書く」という内容の行為があったことを伝えています。その行為が完了したかどうか，手紙が出せる状態になっているかどうかという，その行為の結果については触れていません。ここでは**不**完了体動詞 **писать** が使われています。

いま紹介した例では，「書く」という意味の動詞「**написать**」と「**писать**」を使いました。実は，ロシア語の動詞の中には，見た目だけで，完了体と不完了体のどちらであるかを見分けるポイントがあるのです。

例えば，接頭辞がある完了体と接頭辞の無い不完了体のペアがあります。「書く」という意味の **на**писать – писать，「読む」という意味の **про**читать – читать はその代表例でしょう。

また，形のパターンから見分けられるものもあります。

例えば，「見せる」という意味の показать – показ**ыва**ть のペアは，どちらも接頭辞の по が付いているように見えますが，単語の中の**-ыва-**という部分があるものは不完了体動詞です。また，「休む」という意味の отдох**нуть** – отдыхать のペアでは，**-нуть** という部分があるものが完了体動詞です。

このように，ロシア語の動詞の中には，完了体と不完了体のどちらであるかを見分けることができるものがあります。

話を戻しましょう。

完了体と不完了体のニュアンスの違いを次に見ていきます。

まず，完了体は，先にお話した通り，動作の完了を伝えたいときに使います。

例えば，「Я прочитала этот рассказ.」といえば，「私はこのお話を読み終えた。」を意味します。

また，発話後に完結する動作を伝えたいときに使います。

例えば，「Завтра покажу.」といえば，「明日（私は）見せるね。」を意味します。主語の я（私は）は省略されていますが，動詞の形から主語が分かります。

このように，完了体には，動作の完了を表すという特徴がありますので，完了体動詞は，見た目では現在形のように見えるときも，実は，未来のことを表現して伝えているのです。つまり，完了体動詞を使った場合，過去の話か未来の話しかできないのです。

このことは，日本語も似ています。例えば，夕食の準備ができたお母さんが，「ご飯できたわよ。」といって，子どもが「はーい。いま行くよ。」と返事をした時，子どものいった「いま」とはいつのことでしょうか。返事をした時（いま）はおそらく，移動していませんね。テレビを見ているか，ゲームをしているか，漫画を読んでいるか，分かりませんが，「いま」その子はおそらく移動していないでしょう。つまり，日本語の「行く」は現在の話ではなく，未来の話をしているのです。

同じように，ロシア語で「Сейчас приду.」と完了体動詞を使っていったとき，おそらくいった本人は移動中ではないでしょう。「いま向かっています。」といいたかったら，おそらく

「Сейчас иду.」になるのではないかと思います。
このように，完了体動詞を使った時は，過去と未来の話しかできません。これに対して不完了体動詞を使うと，過去と現在，そして未来の話ができます。
例えば，「Я читаю.」といえば，「私は読書している。」という現在の動作を名指したり，過程（プロセス）を伝えたりすることができます。また，「Там стоит дерево.」といえば，「あそこに木がある（立っている）。」という今の状態を伝えることができます。さらに不完了体動詞は，反復を表す副詞と一緒に使うことで，反復を表すことができます。例えば「Каждое утро я читаю газету.」といえば，「毎朝私は新聞を読む。」となります。加えて，過去形にすることで経験を表すことができます。例えば，「Я читал Тургенева.」といえば，「私はトゥルゲーネフを読んだ。」という過去の行為があったことやその内容を伝えているだけでなく，「読んだことがある」という経験をも伝えることになります。
他にも完了体動詞と不完了体動詞のニュアンスの違いについては，学ぶことがたくさんあります。そうしたことに興味がある人は，ロシア語基礎または初級の授業を履修してください。あるいは，ロシア語講読などの授業でも，繰り返し動詞の体の復習をしていますので，一度ロシア語を学んだけど，途中で挫折してしまったという人は，これを機会に再チャレンジするのもよいのではないかと思います。

おわりに

本日の講義は，次の内容を取り上げました。

ロシアの「黄金の環」

ロシアとキリスト教
正教のシンボルとメッセージ
歴史と観光
「黄金の環」は「森の向こう」
動詞の体

ロシアには，「黄金の環」と呼ばれる有名な観光地があります。これは，モスクワから北東に位置する，中世に栄えた一連の古都の総称です。そこで見られる正教キリスト教の建造物とロシアの森の風景の調和が美しく，多くの観光客を引き寄せています。

ロシア語の動詞は，完了体と不完了体のいずれかに属します。完了体と不完了体の違いは，行為・動作の完了を表すか否か，ということを基本として，重要な使い分けがありますので，じっくり学習する必要があります。

以上

講義Ⅻ　ロシアの祝祭日

本講義の内容

ロシアの新年と降臨祭
年が明けたら降臨祭のワケ
ロシアの祝日：2 月と 3 月
ロシアの祝日：5 月から 11 月
タチヤーナの日

ロシア民族の祭日と伝統

ロシアの新年と降臨祭

ロシアの一年は新年に始まります。ロシアで新年は 5 日間の祝日で，国家によって休日として定められています。同様に休日として定められている祝祭日は，次の通りです。

新年	1 月 1－5 日
降臨祭（クリスマス）	1 月 7 日
祖国防衛の日	2 月 23 日
国際婦人日	3 月 8 日
春と労働の祝日	5 月 2 日
勝利の日	5 月 9 日
ロシアの日	6 月 12 日
国民団結の日	11 月 4 日

ひとつずつ見ていきましょう。

いつものように，インターネットの検索サイトで「ロシアの新年」で画像検索してみましょう。すると，赤や緑，金色の装飾で飾られたツリーや，カラフルな帽子やファッションで身を飾った人形がプレゼントをもっている写真，ツリーの下にプレゼントが置いてある写真が出てきます。

このような写真を見ると，「え？　これってクリスマスじゃないの？」と思うかもしれません。しかし，これは，新年のお祭りである「ヨールカ祭」の写真です。「ヨールカ **ёлка**」とは，ロシアでクリスマスや新年に飾り付ける樹を指します。お祭りのために飾り付けた樹の周りで歌をうたい，踊って新年を祝うお祭り，それがヨールカ祭です。

そもそも，「クリスマス」とはなにか，ということについても，誤解している人が少なくありません。クリスマスのメインキャラクターというと，サンタクロースを思い起こす人がいますが，それは間違いです。

ロシア語で「クリスマス」は，「ラジェストヲォ Рождество」といいます。この言葉で画像検索すると，ひとくみの男女が眠る赤ん坊に目を注ぐイメージが出てきます。この家族の赤ん坊の生まれたことを祝うこと，そのお祝いの日，それがクリスマスです。

クリスマスでその誕生を祝われる赤ん坊は，成人した後，ナザレ出身のイエスとして，ローマ帝国によって十字架刑に処せられました。キリスト教でいう「イエス・キリスト」です。つまり，「クリスマス」は＜キリスト礼拝＞の意味であり，「降誕日」は，＜世のはじまりから天上におられた神の独子が地上にご降誕なさった日＞の意味です。＜降臨した日＞という意味で「降臨日」ともいいます。

サンタクロースは，皆さんもご存知の通り，キリスト教の聖人です。聖ニコラオスです。彼は４世紀の小アジア（今のトルコ）に生きた人です。ギリシアとロシアの守護聖人です。西ヨーロッパでは 11 世紀の頃から水夫や子供の守護聖人として広く崇敬されるようになりました。19 世紀になると，クリスマスに子どもにプレゼントを配るイメージが広まりました。日本では，そのイメージが英語読みの「サンタクロース」と共に定着しました。

つまり，クリスマスは，キリスト教でいうところの「神の子」の誕生日のお祝いであって，サンタクロースは，それを祝うために子どもたちにプレゼントを配っているということなのでしょう。クリスマスにメインキャラがいるとしたら，それはナザレのイエスであって，サンタクロースではありません。

ロシアでは，新年祭に，綺麗に着飾った髭のおじいさんが子どもたちにプレゼントを配ります。このおじいさんのことを，しばしば「ロシアのサンタクロース」と紹介する人もいます。しかし，違います。サンタクロースは，トナカイと一緒に現われることはあっても，孫娘と一緒に現われることはありません。ロシアの新年祭で子どもたちにプレゼントを配るおじいさんは，孫娘を連れて現れます。

このおじいさんを，「ジェド・マロース **Дед Мороз**」といいます。

ロシア語で「ジェド」という言葉は，日本語の「爺さん」「爺ちゃん」に相当します。「マロース」という言葉は，「厳しい寒さ」を表します。ロシアの民話には，「マロース」「マロスコ」というお話があります。こちらは別におじいさんではありません。ただ，ロシア人の子どもであれば，民話を通じて誰もが聞いたことのあるキャラクターです。このキャラクターが 19 世紀に創られたお話では，おじいさんのイメージになって登場しました。

これが現在，孫娘といっしょに新年祭のキャラクターになっています。ジェド・マロースの孫娘は，その名を「スネグーラチカ **Снегурочка**」といいます。これは「雪娘」といった意味の言葉です。やはり，ロシアの民話にそのタイトルのお話があります。

元来，二人とも，新年とは関係の無いキャラクターでした。しかし，ソ連の指導者たちは，二人を新年のイメージ・キャラクターにして，新年を祝う習慣を作り出しました。なぜなら，ソ連の指導者たちは，性別，人種，民族，宗教などに基づいた差別を失くし，差別の無い国を作り出すことを目指していたからです。世界初の社会主義国として出発したソ連で，特定の宗教のお祭りであるクリスマスが国中で祝われるのは好ましくないと考えたのです。

いわば，サンタクロースは，キリスト教の聖人のイメージを資本主義者が自分たちの商売のためにデフォルメしたキャラクターでした。これに対し，ジェド・マロースは，そのライバルとなるために，社会主義者がロシア民話のイメージを自分たちのイデオロギーのためにデフォルメしたキャラクターなのです。

どのような事情で生まれたとしても，子どもたちは，幼少期にファンタジーの中で楽しい思い出を作り，その思い出とともに成長し，社会に出ていくのです。

年が明けたら降臨祭のワケ

さて，ロシアでは，新年のお祝いの休日が1月1日から5日まで続きます。日本では新年のお祝いの日を「正月」「三箇日」と呼びます。ロシアの方が2日長いわけです。

そして，1日空けて1月7日にクリスマスを祝います。西ヨーロッパではクリスマスを祝ってから新年が来るものですが，ロシアでは新年を祝ってからクリスマスが来るのです。クリスマスカードでも，英語で「Merry Christmas and Happy New Year!」と書いてあります。ロシアのカードでは，ロシア語で「С Новым годом и Рождеством!（新年そしてクリスマスおめでとう！）」と書いてあります。

この違いは，ヨーロッパの歴史と深く関わっています。つまり，ロシアのキリスト教会とロシアの国家は，違う暦を使っているのです。日本では，日本独自の和暦と西暦の両方を使っています。和暦は，日本国民統合の象徴である天皇の在位と結びついた暦です。西暦は，中世のキリスト教圏で彼らの救い主であるナザレのイエスの誕生年と結びつけられた暦です。

西暦は主に二種類あります。ユリウス暦とグレゴリオ暦です。ロシアのキリスト教が使っているのはユリウス暦，ロシア国家が使っているのはグレゴリオ暦です。私たちが今使っているのは，グレゴリオ暦です。

ユリウス暦は，ユリウス・カエサルという，ローマ帝国建国に深く関わった人物が定めた太陽暦です。ユリウス暦は，キリスト教が生まれたローマ帝国の暦でした。ですから，キリスト教会はユリウス暦を使いました。

ところが，ユリウス暦は正確ではありませんでした。1000 年で 1 週間ほどのズレが生まれる程度に誤差があったのです。この誤差は，学者たちの間で知られ，いつかは修正した太陽暦を採用しなければならない日が来る，と考えられていました。しかし，暦は日常生活と結びついています。ですから暦を替えるということは，なかなか難しい問題です。実際，修正太陽暦が採用されることはなかなかありませんでした。

この修正太陽暦を正式に採用したのが，グレゴリオス 13 世という人物でした。これによって，西ヨーロッパでは，広く修正太陽暦が使われることとなりました。グレゴリオスが採用したことにちなみ，グレゴリオ暦と呼ばれるようになりました。

ところが，彼はローマ教皇でした。ローマ教皇の立場をめぐっては，ローマ・カトリック教会とプロテスタント諸派のクリスチャンが対立していることでよく知られますが，ロシアのキリスト教である正教キリスト教でもローマ教皇の地位を認めていません。このため，修正太陽暦の方が正確であることを知りつつ，ロシアのキリスト教会は，ユリウス暦でクリスマスを祝い続けているのです。

ロシアの祝日：2月と3月

新年と降臨日についてはこのくらいにして，次に進みます。

ロシアでは，2月23日を「祖国防衛の日 День защитника Отечества」といいます。「祖国防衛者の日」ということもあります。この日は元来，「男の日」であったという説があります。

この日をロシアの祝日にしたのは，ソ連共産党でした。1922年に「赤軍誕生の日」としたのです。これが，第2次世界大戦 Вторая мировая война，別名「大祖国戦争 Великая отечественная война」終了後の1946年に，「ソ連陸軍および海軍の日」に変えられました。そして，ソ連解体後の1995年に「祖国防衛者の日」と名前が変わったのでした。

この日は，先に述べた通り，「男の日」であったのですが，1918年にヴラヂミル・レーニンが「労働者農民の赤軍創設に関する布告」に署名しました。このことから，ソ連時代から軍隊に関する日として祝われるようになりました。

現在では，父親や夫に贈り物をする日として祝われます。

「男の日」の約2週間後，3月8日には，「国際婦人デー Международный женский день」があります。これは，「国際女性日」「国際婦人日」ともいえます。これは，1904年にアメリカはニューヨークで始まった女性によるデモに由来する祝日です。当時，女性の社会的権利は，参政権を含め，男性より制限されていました。それを対等にするべきだと訴える女性たちがデモを行なったのです。これを受けて，1910年になると，国際社会主義者会議で，毎年3月8日に同様のデモを続けることが提唱されました。

この日はその後，ロシアにとって特別な日になりました。1914年にオーストリア皇太子がセルビアでテロに遭って殺されてしまうと，セルビアの背後にあったロシアとオーストリア＝ハンガリーの間で戦争が始まりました。この戦争は，それぞれの同盟国を巻き込み，世界大戦の様相を呈しました。また，同盟国同士が協力し合ったため，なかなか終結せず，多くの青年が命を失いました。

1917 年 3 月 8 日に，ロシアの当時の都ペテログラードで女性のデモが始まりました。このデモは，やがて戦争の中止を呼びかけるものへと変わり，さらに戦争を止めない帝国政府への批判へと拡大しました。このデモがきっかけとなって，ロシアで革命が起こり，ロシアは戦争から撤退することになりました。また，このデモが帝政崩壊と社会主義革命のきっかけになりました。

この日は，ロシアの暦，当時のユリウス暦で 2 月の出来事でしたので「2 月革命」と呼ばれますが，現在のグレゴリオ暦では 3 月ですので，注意が必要です。

以来，3 月 8 日は，周りの女性に花とプレゼントを贈る日となりました。

ロシアの祝日：5 月から 11 月

このあと，5 月になると，「春と労働の祭日 **Праздник Весны и Труда**」がやってきます。5 月 1 日です。これはかつて「国際労働者団結の日」と呼ばれました。1890 年に初めて労働者によるストライキとデモが行われた日です。労働者の暮らしと権利を守るために，労働者自身が立ち上がり，ストライキを行ない，デモを行った――このことにちなんで，この日は労働者の権利と連帯を訴える日となりました。ロシアでは 1992 年に現在の名称になりました。

それから 1 週間ほど後に，「勝利の日 **День Победы**」が続きます。5月9日です。これは，第2次世界大戦でナチス・ドイツの降伏した日を祝う祭日です。ナチス・ドイツが降伏したのは5月8日のことでしたが，時差の関係ですでにロシアでその日は9日でした。この日，ロシアでは盛大に祝われ，その様子は現在テレビ中継や Youtube を通してみることができます。

ちなみに，この日は第2次世界大戦終結の日ではないこともお伝えする必要があるかと思います。日本では，「終戦の日」が8月15日にやってきます。これは，大日本帝国の主権者であった昭和天皇がその臣民に戦争を終えることを伝えた日，いわゆる「玉音放送」が流れた日を指します。そして，日本列島で暮らす当時の臣民の子孫たちは，現在この日を「終戦の日」「終戦記念日」と呼び，朝鮮半島の南部の人々は「光福節」と，北側の人々は「解放記念日」と呼んで祝っています。

つまり，5月8日，ロシアで9日をもって戦争が終わったと考えるのは，ヨーロッパの人々の視点に立った話です。アジアではまだ戦争は続いていたのです。

また，8月15日は，大日本帝国臣民が戦争の終結を，その主権者たる昭和天皇の言葉に従って受け入れた日であって，国際的に戦争が終結した日ではありません。

大日本帝国が休戦協定を結んだのは，9月2日のこと，戦争を正式に終結させたサンフランシスコ平和条約が締結されたのは，そのさらにあと1952年4月8日のことです。なお，ロシアは平和条約に参加していません。日本では平和が70年続いたといわれますが，正確にいえば，ロシアとの戦争は終結していないのです。

話を戻します。

6月に入ると，「ロシアの日 День России」がきます。6月

12 日です。これは，ソ連からの独立をロシアが宣言した日でした。旧ソ連において，ロシアは，「ロシア・ソヴィエト社会主義共和国」であり，ソ連を構成するひとつの共和国でした。1991 年 6 月 12 日に，当時のロシアは，ソ連政府に対し，それまで国家の主権を委ねていたのを止めると宣言したのです。2002 年に「ロシアの日」と名称変更されるまでは，「ロシア国家主権宣言採択の日」といわれました。

それから，7 月，8 月，9 月，10 月と国の祝日はありません。もちろん，民間の祝日，キリスト教に基づいた祝日はあります。ただ，それを挙げるときりがないので，ロシアで休日と定められている祝日を紹介しています。

11 月に入ると，「国民団結の日 День народного единства」がきます。11 月 4 日です。これは「民族統一の日」とも訳せます。

この日は一番新しい祝日です。2005 年に制定されました。

ソ連時代には 11 月 7 日が「革命記念日」でした。レーニンとトロツキイが率いるボリシェヴィキ（後のソ連共産党）が，ロシア共和国内でクーデターを起こし，それに成功した日でした。このため，ソ連解体後も共産主義者たちは，この日を祝い続けました。

そこで，ロシア政府は，この日に近い日で，国民の祝日になりうる民間の祝日を探しました。そして，見つけました。11 月 4 日です。この日は，1612 年にモスクワの市民がポーランドの侵略からモスクワを解放した日なのです。

1612 年当時，ロシアの都モスクワは，ポーランド軍に占領されていました。ポーランドは，ロシアに偽の皇帝を連れて来て，モスクワを不当に占領していたのです。この状況に疑問を感じていたロシア正教会の総主教は逮捕され，獄中で亡くなりました。そんな中，二人の人物が手を組み，ポーランド軍をモスクワから追放するための義勇軍を結成しました。そして，この義勇軍がポーランド軍をモスクワから追放したのです。モスクワの中心である赤の広場に建っている銅像は，この義勇軍を組織した二人を記念するものです。

このように，この日は現政権が旧政権に対抗する意図で設けられた祝日であるため，この日を民衆が祝うことへの批判もあります。

以前の講義でもお話した通り，国も文化も歴史も，その中で暮らしている人々は意識せずに存在しているかのようでいて，その中で暮らす人々が守ろうとしなければ失われてしまう，そういった性質をもったものである——このことも指摘しておきたいと思います。

タチヤーナの日

その意味で，この授業ではタチヤーナの日も紹介します。

タチヤーナの日 **Татьянин день** は，1 月 25 日です。国の定める休日にはなっていませんが，2005 年に「学生の日」として正式な祝日になりました。

この日は，もともとキリスト教の祝日でした。タチヤーナという女性が自分の信念（キリスト教信仰）を貫いて殉教したことを記念する日です。彼女は，ローマ帝国でキリスト教が禁止されていた時代に生きて死んだ人です。キリスト教に改宗し，両親の反対にも，周囲の反対にも自分の信念を曲げずに，殺されました。このために，キリスト教の聖人になっています。

ロシアでは 1755 年に，女帝エリザヴェータ・ペトローヴナが，「モスクワ大学設置に関する布告」に署名しました。当時すでにロシアには都ペテルブルグに大学がありました。しかしそれは貴族の子弟など，裕福な家庭に生まれ育った若者のための大学でした。これに対して，生まれた家庭を問わず，学問を志すすべての人を受け入れる大学をモスクワに開こうと考える人があらわれました。ミハイル・ロモノーソフです。ロモノーソフの努力と願いは多くの人の支援を得て，やがて，皇帝に認められるところとなったのです。ですから，いまもモスクワ大学は，正式名称の末尾に「ロモノーソフ記念 имени М.В. Ломоносова」と付いているのです。英語では，「Lomonosov Moscow State University」となっています。

女帝がモスクワ大学設置を認可したのが，タチヤーナの日でした。ロモノーソフの教育に対する信念と情熱を，タチヤーナの篤い信仰心に重ね合わせたのでしょう。

こうして，タチヤーナの日は，休日にはなりませんでしたが，「学生の日」として祝われるようになりました。興味深いことに，1923 年にソ連共産党は，この日はただ若者が騒がしくするだけの日だから，この日を「プロレタリアートの学生の日」に名称変更し，「タチヤーナの日」として祝うことを禁止しました。

その後，タチヤーナの日は，ソ連解体後の 1992 年にまずモスクワ大学で復活し，2005 年にはロシア全土で「ロシアの学生の日 День российского студенчетсва」として正式に祝日になりました。

おわりに

本日の講義は，次の内容を取り上げました。

ロシアの新年と降臨祭
年が明けたら降臨祭のワケ

ロシアの祝日：2月と3月
ロシアの祝日：5月から11月
タチヤーナの日

ロシアの祝日は，ロシアに独特のものがあります。他方で，ヨーロッパ諸国と関係のあるものもあります。それは，ロシアという国家がヨーロッパ諸国とのかかわりの中で維持されてきたものだからでしょう。国家には国家を維持するために祝日を利用する向きがあるように思われます。その中でも人々は自分たちの楽しみを見つけて祝っています。こういうところに民衆の知恵というものをみることができるともいえるでしょう。

以上

おわりに

以上，12 の講義をもって，ロシアの言語と文化の授業を終えます。

ユーラシア大陸の北の大地でルーシの人々が国づくりを始めてから，1000 年の時を超えていま，100 を超える民族が，ロシアと呼ばれる世界最大の広さを誇る国で共存して暮らしています。本書はその言語と文化の一端を 12 のテーマごとに紹介しました。

最後の講義でロシアの祝日について紹介しました。祝日は，国家や社会がその維持のために作り出すという側面をもちます。それでも民衆はその中で自分たちの楽しみを見つけてたくましく生きています。それは日本も同じです。「踊る阿呆（あほう）に見る阿呆...」と歌って踊るのは日本の阿波踊りです。斜（はす）に構えて暮らすも良し，素直に楽しんで暮らすもまた良し。そこに人の自由があるといえるでしょう。

自由は与えられるものではありません。与えられた環境を観察し，自分に可能な選択の先を想定し，その中で選択をするという知的な営みの中にあります。選択の無い自由はありません。他人の用意した選択肢は，バーチャルリアリティーやコンピューターゲームの中の選択肢と同じです。もちろん，自分に与えられた環境にある自由を見ずに，自由から逃げて生きて行くのも一つの選択です。

ロシアの大地に生きる人々もまた，与えられた環境の中で，自ら選び取って来た道の先を生きています。様々な環境の中で過去の世代が選び取った道について学ぶことは，今を生きる若い人々がこの先，自分の目の前に道があることを見抜き，どれを選び取ったらよいか，それらの道の先を想定する助けになるでしょう。文明を学ぶということは，〈今私たちはどのように生きるべきか〉を問うことなのです。

最後に，本書の執筆ととりまとめにご協力くださった皆さんにお礼を申し上げて，本書を閉じたいと存じます。

写真・画像の出典

ロシア語のアルファベット

https://abvgdee.ru/blog/skolko-bukv-v-russkom-alfavite

ロシアの地図

http://russia-karta.ru/goroda-russia.htm

ロシア語を知っている人の数

http://gramota.ru/book/rulang/page3_3.html

ロシア中央部でもっともよくある姓

https://tp.tver.ru/nazvany-samye-populjarnye-familii-v-rossii/

ロシアのサモワール

https://www.tulasamovar.ru/advices/universalnoe/osobennosti-russkogo-samovara/

ロシアのダーチャ（２つの画像を合成）

https://postila.ru/post/39857247
https://stroylegko.com/prochee/kakimi-byli-i-stali-russkie-dachi

ペチカ

https://ethnomir.ru/articles/russkaya-pechka/

ボルシチとピロシキ（２つの画像を合成）

https://kolibri.press/73484
https://batop.ru/10-luchshih-receptov-russkoy-kuhni

ロシア南部のイメージ（２つの画像を合成）

http://yuri-efremov.ru/main/works/priroda-moej-strany/Part3/Chap14/
https://sovetclub.ru/kuda-poexat-v-otpusk-na-russkij-yug

９月１日は知識の日

http://adm-leninskiy.ru/economy/vserossijskaya-perepis-naseleniya-2020-goda/media/2020/9/1/1-sentyabrya-den-znanij/

ロシアの「黄金の環」

https://fishki.net/2269491-kakie-goroda-vhodjat-v-zolotoe-kolyco-rossii-i-pochemu-ih-stoit-posetity-kazhdomu.html

ロシア民族の祭日と伝統（２つの画像を合成）

https://schci.ru/traditsii.html
https://belstory.ru/drugie-statyi/same-drevnie-russkie-prazdniki-top-5.html

著者
近藤喜重郎（こんどう　きじゅうろう）
東海大学語学教育センター　准教授
東海大学文学文明学科ヨーロッパ専攻東欧課程卒業。東海大学大学院文学研究科文明研究専攻修士・博士課程修了：博士（文学）
著書：『在外ロシア正教会の成立：移民のための教会から亡命教会へ』（単著，成文社），『宣教師と日本人』（共著，教文館）他

ロシアの言語と文化　第2版

2023年3月10日　第2版第1刷発行

著　者　近藤喜重郎
発行者　村田信一
発行所　東海大学出版部
〒259-1292 神奈川県平塚市北金目4-1-1
TEL：0463-58-7811
URL：https://www.u-tokai.ac.jp/network/publishing-department/
振替　00100-5-46614
印刷所　港北メディアサービス株式会社
製本所　港北メディアサービス株式会社

ISBN978-4-486-02203-9